dumont taschenbücher

Peter Gendolla, geboren 1950, studierte Kunstgeschichte, Literatur und Philosophie in Hannover und Marburg. 1979 Promotion, 1987 Habilitation. Heute Professor für Allgemeine und Neuere Deutsche Literaturgeschichte an der Universität-GH Siegen. Mitglied der International Society for the Study of Time. Publikationen zu Literatur und Technologie, Zeiterfahrung, Imaginationstheorie.

Fig. 1e

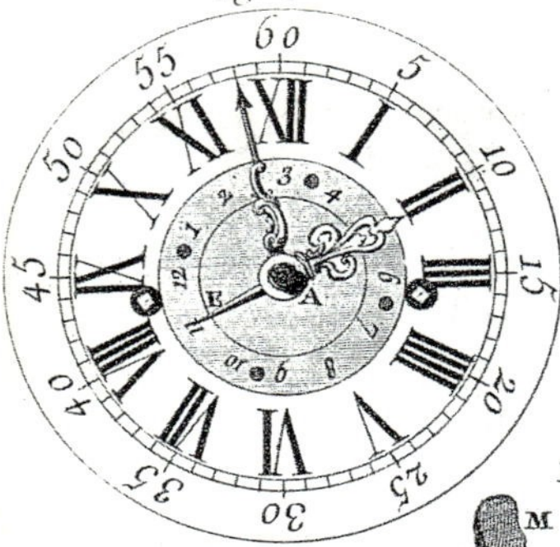

Fig. 2

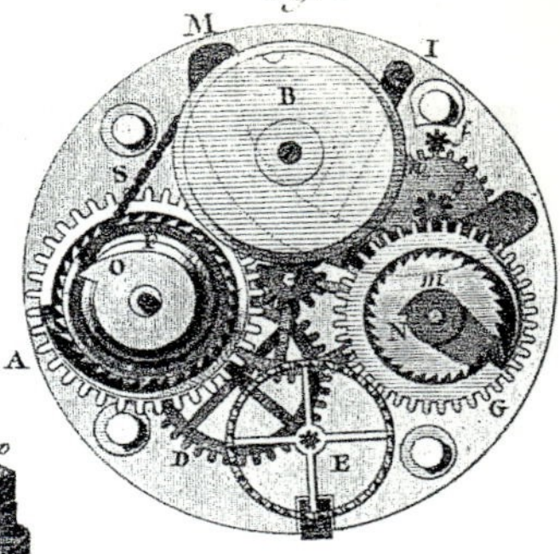

Fig. 5

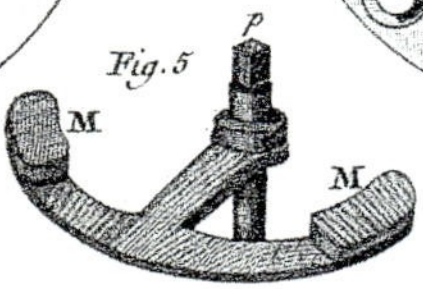

Fig. 3

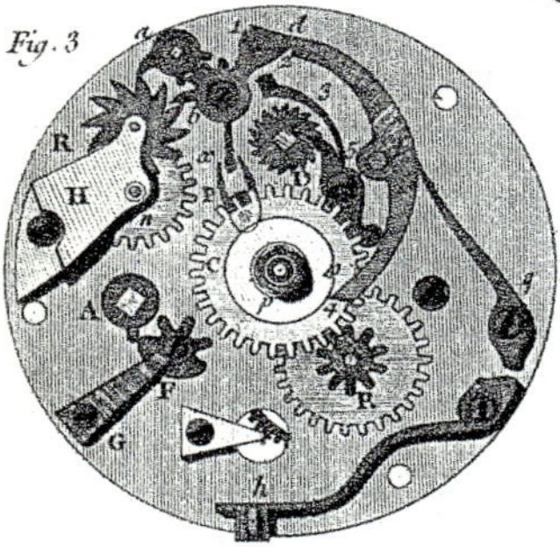

Fig. 4

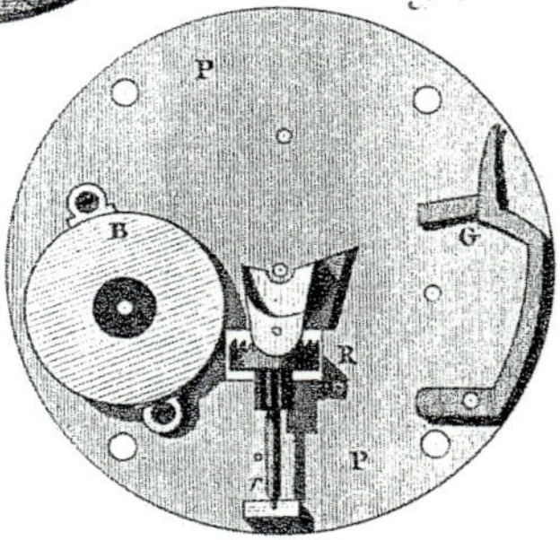

Fig. 8

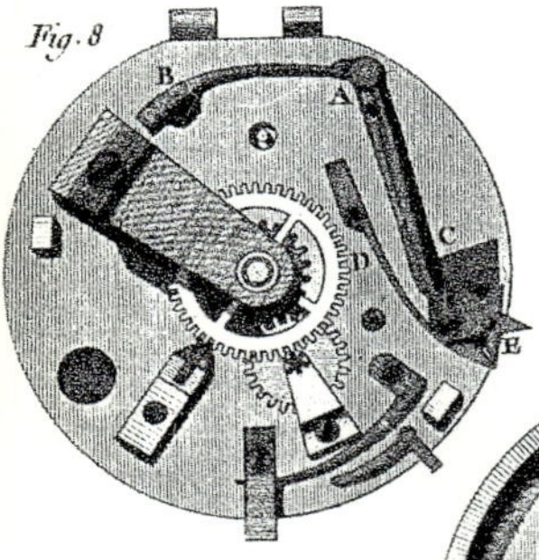

Fig. 6

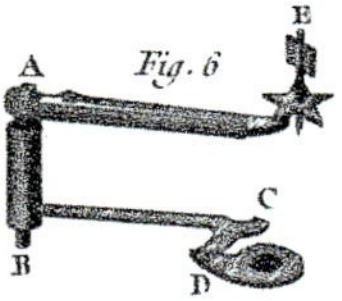

Fig. 7

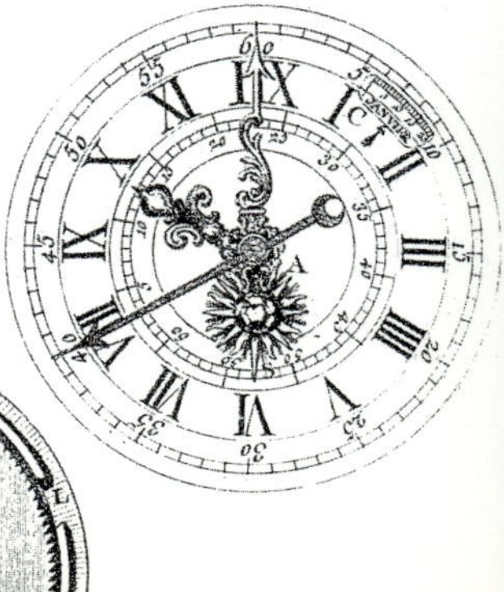

Fig. 9

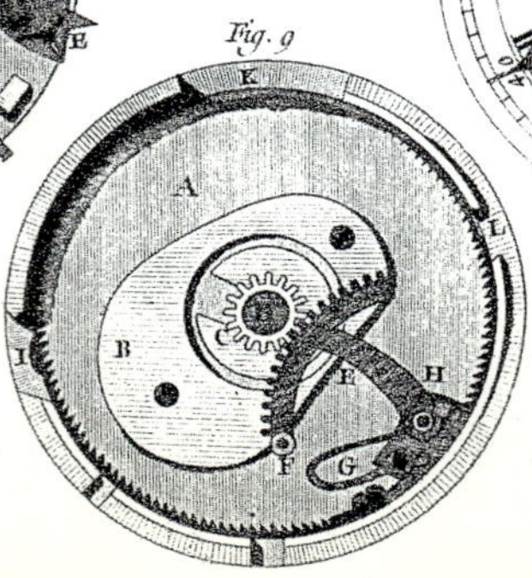

ZEIT

Zur Geschichte der Zeiterfahrung

Vom Mythos zur ›Punktzeit‹

Peter Gendolla

DuMont Buchverlag Köln

Titelbild: (oben) »The City Rises« (»Die Stadt erwacht«). Gemälde von Umberto Boccioni, 1910; *(unten)* »Chronophotograph. Long Jump with a Pole« (»Chronophotograph. Weiter Sprung mit einem Stab«). Fotoarbeit von Etienne-Jules Marey, 1890

Frontispiz: Weckeruhr und Zeitgleichungsuhr mit einbeschriebenem Sekundenkreis sowie Monats- und Datumsanzeige. Stich, o. J.

per Laura

Die Deutsche Bibliothek – CIP-Einheitsaufnahme

Gendolla, Peter:
Zeit: zur Geschichte der Zeiterfahrung; vom Mythos zur »Punktzeit« / Peter Gendolla. – Erstveröff. – Köln: DuMont, 1992
(DuMont-Taschenbücher; 279)
ISBN 3-7701-2761-7
NE: GT

Erstveröffentlichung

Satz, Druck und buchbinderische Verarbeitung: Boss-Druck, Kleve

Printed in Germany ISBN 3-7701-2761-7

Inhalt

Vorwort

»Ein Blitz mit Blau am Himmel; im Wald gänzlich grüne Lichtungen; in der Stadt aber, wo
uns die Zeichnung gefangenhält, die Kreisbogen des Torweges, die Rechtecke der Fenster, die Rauten der
Dächer.
Linien, nichts als Linien zur Bequemlichkeit menschlicher Behausungen.
In meinem Kopf Linien, nichts als Linien; wenn ich nur ein wenig Ordnung hineinbringen könnte.«

Pierre Reverdy. Striche und Figuren

Selbst und gerade nach der Ausrufung des *post-histoire*, des Untergangs aller Geschichte im Informationszeitalter, gibt es keinen Stoff, der heftiger aus allen Richtungen und Disziplinen bedacht, *(computer aided)* dokumentiert und diskutiert würde als die Zeit der Geschichte, vor allem aber die (lange oder ›kurze‹) Geschichte der Zeit. Inzwischen hat sich eine Gesellschaft aus weltweit verstreuten Mitgliedern gegründet (die ISST = International Society for the Study of Time), die nichts anderes als Untersuchungen zu diesem Stoff anstellt, mit einer eigenen Zeitschrift (»Time's News«), die sorgfältig jede Publikation zum Thema recherchiert und referiert.

Auf dem Hintergrund dieser babylonischen Bibliothek erhebt auch der folgende Versuch nicht den Anspruch, ein noch nicht geschriebenes ›Zeit-Wort‹ gefunden, ein noch nicht beschriebenes Teilchen entdeckt und dem Buchstabenpuzzle hinzugefügt zu haben. Die Zeit als einen Kreis, als einen sich ewig wiederholenden Zyklus vorzustellen, ist so alt wie die Beobachtung der Sterne, auch wenn es lange gedauert hat, diese Beobachtung in die Erfindung des Rades umzusetzen. Die Zeit als Linie zu denken, die in eine andere, glückliche oder elende Zukunft führt, beginnt spätestens da, wo ihr ein fixer Punkt, ein Jahr Null gegeben wird, von dem ab die Geschichte er-zählt oder berechnet werden kann. Das soll spätestens in der Ära des babylonischen Herrschers Nebukadnezar, 777 v. Chr., unternommen worden sein. Und die Idee der Zeit als eines einzigen Punkts, in dem ihr Beobachter ›hängt‹ und förmlich zwischen seinem Jetzt und seiner Ewigkeit, dem Tod, zerrissen wird, formuliert bereits Seneca, 60 Jahre nach dem Beginn der derzeit gültigen Zeitrechnung.

Diese drei Vorstellungen existieren durchaus nebeneinander, nur phasenverschoben, mit höherem Wirkungsgrad, erkennbarer Dominanz der einen oder anderen zu verschiedenen Zeiten. Der Text legt einen durchaus willkürlichen Filter über jene Bibliothek, liest und kommentiert nur solche Stellen, die in ihm auftauchen, in seine Figur passen: den Kreis, der durchschnitten, zur Linie auf- und geradegebogen wird, um schließlich in viele Punkte zu zerspringen. Es ist ein geometrisches Bild, dessen Vorbild die Uhr, *das* Bild der Zeit zumindest für die abendländischen Gesellschaften, abgeben mag: von den Kreisen der Sonnenuhr, die in den Sand, auf einen Platz, eine Mauer gezeichnet, täglich wieder vom Licht abgeschnitten werden, zu den Metallkreisen der Räderuhr, deren Bewegungsablauf durch einen inneren Regulator unterbrochen, gleichmäßig gehemmt wird, die Fortschrittslinie öffnet, bis zu den nicht mehr wahrnehmbaren Impulsen der Quarzuhr, die ihre Schwingungen im Nanosekundenbereich als Zahlenreihe mitteilt, aus schwach leuchtenden Pünktchen zusammengesetzt.

Insofern bildet der Text natürlich ein Konzept, ein Modell, mit dem er seinen Stoff präpariert, um ihn wahrnehmen zu können, wie der Präparator den Vogel einfangen, ausbalgen, imprägnieren und ausstopfen muß, um ihn in den Glaskasten setzen und beobachten zu können. Das ist ja aber das Verfahren jeder Uhr, Bewegungen einzufangen, gleichmäßig zu zerlegen, anzupassen und abzubilden. Es ist die List jeder Technik, Bewegungen so gegen- und miteinander zu führen, zu synchronisieren, daß sie sich in der gewünschten Richtung fortsetzen. Es ist die Grundidee der Zeit: das Abschneiden und Umlenken von Bewegungen dadurch, daß sie zur Begegnung gebracht werden, zufällig oder konstruiert, an dem Ort, wo die Linien sich kreuzen.

So entstehen Texte: durch die Bewegung des Stichels auf dem Stein, des Bleis auf dem Papier, des Kathodenstrahls auf der mit Blei armierten Glasscheibe des Monitors. Nur in diesen Schnittstellen erscheint die Zeit, als Dauer, als Verschwinden, als Nichts oder weißes Flimmern. Den Fluchtbewegungen, die sich beim Verlassen der mythischen Kreise abzeichnen, sich auf den Fortschrittslinien der technischen Zivilisationen mehr und mehr beschleunigen, um sich schließlich vielfach zu zerstreuen, sucht dieser Essay nachzugehen.

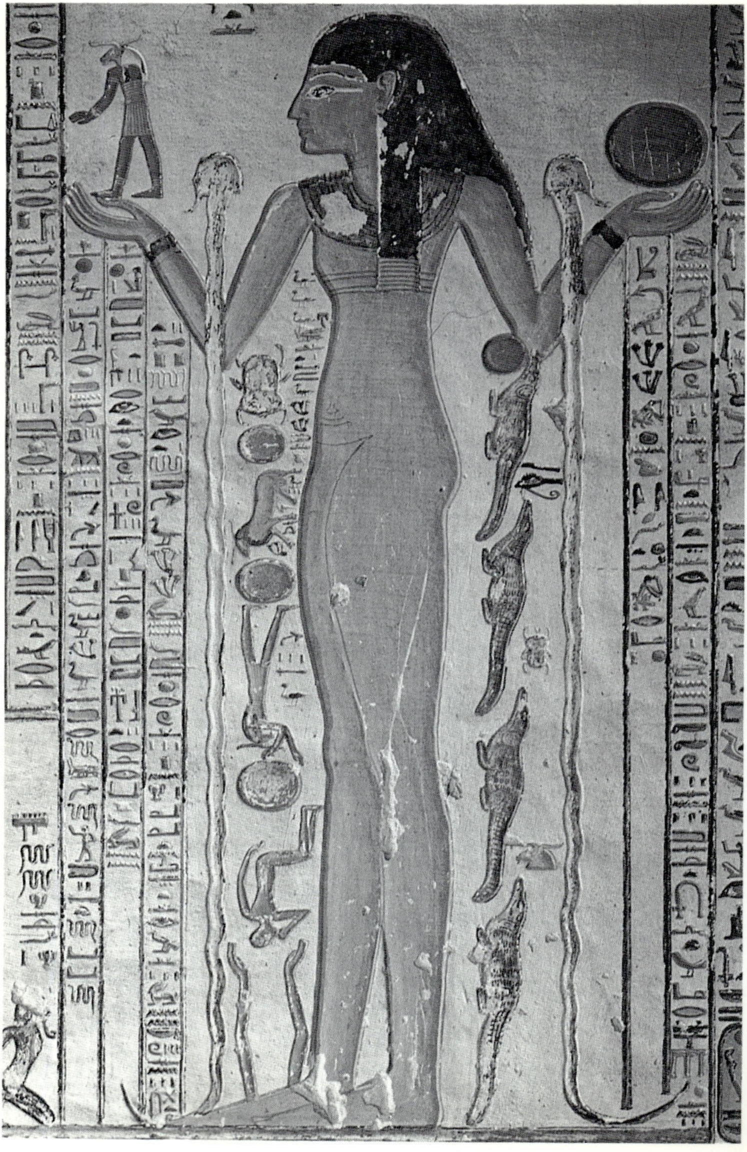

I Vor der Geschichte

Um die Eigenart des mythischen Denkens zu erläutern, zitiert Claude Lévi-Strauss, Begründer der strukturalen Anthropologie, den ersten großen Historiker der Französischen Revolution, Jules Michelet:

> »An jenem Tag war alles möglich (...). Die Zukunft wurde gegenwärtig, (...) das heißt mehr Zeit, ein Blitz der Ewigkeit.«[1]

Nichts könne archaische Vorstellungen besser erhellen als dieser Gedanke des Geschichtsschreibers, mythische Erzählung und politische Ideologie gehorchten überhaupt demselben Muster. Für den Politiker sei die Revolution zwar »eine Folge von vergangenen Ereignissen, ja, aber auch ein Schema, das dauernde Wirkung besitzt, die es ermöglicht, die Sozialstruktur des heutigen Frankreich (...) zu interpretieren und die Grundzüge der zukünftigen Entwicklung abzulesen«[2]. Ein Schema also, das es ermöglicht, Einmaliges und Dauerndes zusammenzudenken, das momentane Ereignis als Beweis einer unvergänglichen Substanz festzuhalten. Die »doppelte, zugleich *historische* und *ahistorische* Struktur« (ebd.) ist tatsächlich das auffälligste Kennzeichen des Mythos – ein einziger prozessierender Widerspruch, oder besser, die Umsetzung eines eigentlich unlösbaren Gegensatzes in einen Prozeß. Lévi-Strauss begreift den Mythos als Lösungsangebot für ein sprachliches Problem: den Unterschied zwischen dem gesprochenen, immer verschwindenden Wort und dem, was es bezeichnet, der wiederkehrenden Vorstellung, dem dauernden Sinn. Der Mythos ist die Formulierung dieser elementaren Spracherfahrung, er erzählt immer wieder aufs neue, wie denn das Vergängliche und das Ewige *zugleich* möglich sein können. Im Unterschied zur Poesie, der nur schwer über-

◁ »Die Sonnentheologie ist ganz unmittelbar Philosophie der Zeit« – Der Sonnengott, dargestellt als Scheibe und als widderköpfiger Gott auf den Händen der Göttin Nut. Zwischen ihrem Körper und den beiden menschenköpfigen Schlangen finden sich symbolische Bilder des Sonnenlaufs. Grabkammer Sethos I., Abydos

setzbaren, ganz besonderen Organisation des Wortmaterials, ist die mythische Erzählung damit fast universell übersetzbar, bewegt sich ganz im Bereich allgemeiner Vorstellungen, hinter den Sprachen.

> »Die Substanz des Mythos liegt weder im Stil noch in der Erzählweise oder der Syntax, sondern in der *Geschichte,* die darin erzählt wird.«[3]

Indem sich so der »Sinn (...) vom Sprachuntergrund ablöst, auf dem er anfänglich lag« (ebd.), erzählt der Mythos immer auch seine eigene Entstehung: die Geschichte der Zeit.

»An jenem Tag war alles möglich ...«

Wenn die Geschichte einen Anfang hat, damit sie oder irgendeine Geschichte anfangen kann, muß, auch wenn sonst noch gar nichts da ist, zumindest die *Zeit* da sein, in der sie anfängt. Von dieser, dem Ungeschiedenen, muß sie sich unterscheiden.

> »Am Anfang war nur das große, unbewegte und unendliche Weltmeer, ohne Leben, aber voller Stille. Noch gab es kein Oben und kein Unten, weder Osten noch Westen, weder Norden noch Süden. Noch waren Helligkeit und Dunkelheit nicht getrennt und Licht und Dunkel nicht hervorgekommen.«[4]

Dieser Schöpfungsmythos, als die »Götterlehre von Memphis« aus dem 14. Jh. v. Chr., der Hochdynastie des Neuen Reiches überliefert, beschreibt die erste Zeit oder Urzeit der Welt sehr einfach als *noch nicht,* als Negation all dessen, was dann kommen wird. Er beschreibt so keineswegs einen tatsächlichen Beginn, vielmehr das Beginnen. Es ist die Tätigkeit der Sprache: Unterscheiden, die Dinge voneinander trennen, indem sie ihre Namen erfindet.

> »In den Anfang aber trat Ptah. Ptah aber trug die Gestalt von Nun und Naunet, den Urwassern, von Huh und Haûhet, den großen Unendlichkeiten. Er trat aber in ihnen in Erscheinung.

> Er trat aber auch in Gestalt von Kuk und Kaûket, den ewigen Dunkelheiten, in Erscheinung«[5].

Die hier aus Ptah hervorgehende Götterreihe bezeichnet zunächst nichts als die Wahrnehmungs- und Sprechorgane, die sein Erscheinen möglich machen, ihn materialisieren, »Zähne und Lippen in seinem Munde, (...) die sehenden Augen, die hörenden Ohren, die atmenden Nasenlöcher, die alles dem Herzen berichten, (...) und die Zunge, die alles wiederholt, indem sie es ausspricht« (ebd.). Ptah selbst ist ganz innen, das ›Herz‹, Sprache pur.

»In den Anfang aber trat Ptah«
Bronzestatuette des ägyptischen Gottes. Spätzeit, um 664–332 v. Chr.

> »Ptah aber hatte zunächst die ganze Welt in seinem Herzen erdacht, vor allem die Götter in ihrer Gesamtheit, und so die Neunheit vollendet. Alles was er erdacht, was er ersonnen hatte, sprach seine Zunge als Befehl aus. Und sofort geschah es.«[6]

Es ist die Entstehung der Zeit aus der Unzeit, die so beschrieben wird, eine Sprachgeburt. Der Mythos löst den Konflikt, den jede Sprache stellt: daß etwas *vor* ihr sein muß, was doch erst durch sie unterschieden wird, indem er ein ›Aus sich selbst‹ erfindet. Das Vorher und

Nachher, Ursache und Wirkung werden aufeinander zurückgebogen, in einen Kreis zusammengebunden. Diese Selbstdifferenzierung, die Erzeugung des Selbst aus sich, entsteht keineswegs aus dem Nichts, *creatio ex nihilo.* Vielmehr handelt es sich um die Erfindung des Subjekts, eines Autors der Sprache. Sie unterscheidet sich von sich selbst, indem sie ihrer Arbeit, dem Differenzieren, einen obersten Namen gibt, sei das nun Ptah, Atum, Re oder wie immer dann auch lokale Machtansprüche mit einem Namen markiert werden. Tatsächlich berichten viele Schöpfungsmythen dieses Ereignis der Selbstabspaltung ganz direkt als männliche Selbstbefruchtung, onanistische Autopoiesis. Nicht erst Zeus verschlingt seinen eigenen Samen und gebiert Pallas Athene, die kriegerische Kopfgeburt der Griechen. Bei den Ägyptern erzeugt Atum von On so das gesamte Reich.

> »Als Himmel und Erde noch nicht geschieden, (...) am Anfang also von allem, was denkbar ist, war Atum mit Nun allein. Atum aber erhob sich aus ihm, dem Nun, hoch wie ein Hügel. Atum aber ward nach geraumer Zeit seines Alleinseins überdrüssig und verschlang seinen eigenen Samen, den er mit Hilfe seiner Hand gewonnen hatte. Nachdem er so sich selbst befruchtet hatte, gebar er Schu, den Windhauch, und Tefnut, die Feuchtigkeit, indem er sie aus seinem Munde spie. Schu und Tefnut aber erzeugten Geb, die Erde, und Nut, den Himmel. Diese aber zeugten Isis und Osiris«[7].

Der kosmogonische Akt als Selbstabspaltung einer ewigen Langeweile oder plötzliche Realisierung eines Herzensgedankens erzeugt die Gegensätze, die neue Gegensätze aus sich hervorbringen, das Trockene und Feuchte, Heiße und Kalte, Himmel und Erde, Leben und Tod – eine unabschließbare Kette, die sich in den Mythen der unterschiedlichsten Kulturen wiederfinden läßt. Nur in der Art, wie sie die Gegensätze zueinander organisieren, lassen sich die Kulturen dann unterscheiden. Die dualen Vorstellungsreihen stabilisieren die erste Idee oder Urzeugung des Selbst, des Doppelten aus dem Einen, indem sie es vervielfachen, den Urmythos mit immer neuen Mythen bekleiden. Der eine Kreis sondert dabei keine festen Substanzen von sich ab, vielmehr schließen sich die Gegensätze selbst zu Kreisen, bezeichnen nur die Pole einer wiederholten Bewegung von Trennung und Vereinigung. Der Mythos berichtet von der Möglichkeit der Geschichte als

Aufbruch, der die Rückkehr in die Nichtgeschichte immer in sich birgt.

Wohl eine der schönsten und für die weitere Entwicklung folgenreichsten Erzählungen dieser Geschichte bildet der Mythos von Isis und Osiris, mit Seth Kinder Gebs, der Erde.

> »Einträchtig lebten die beiden in geschwisterlicher Ehe und waren ein Segen für ihre Völker. Ihr Glück wurde nur getrübt durch den Neid ihres Bruders Seth. Seth neidete nämlich Osiris die Herrschaft über die beiden Länder und trachtete, ihm das Leben zu nehmen. Als er ihn dann einmal alleine traf, ergriff er ihn, tötete ihn, zerstückelte den Leichnam und zerstreute die Teile über die beiden Länder.
>
> Darüber verzweifelte Isis fast vor Schmerz. Sie durchstreifte die beiden Länder und sammelte die Teile seines Leichnams zusammen, wie Horus ihr geraten hatte. (...) Andere aber wissen noch zu erzählen, daß Isis, nachdem sie den Leichnam ihres Gatten unter Schmerzen wieder zusammengefügt hatte, in Tränen ausgebrochen sei und sich über ihn geworfen hätte. Dadurch habe sie Osiris wieder zum Leben erweckt, und er habe sich ihr gattenmäßig verbunden.«[8]

Dieser in vielfachen Varianten erzählte Mythos enthält nicht nur mit Horus – den Isis, »noch im Mutterleibe« (ebd.) mit Osiris vereint, empfangen, aber erst nach Osiris' Tod geboren hatte – jene Vorstellung vom »kommenden Gott«, die als Christus- oder Dionysostradition bis in die Jetztzeit verfolgt werden kann.[9] Mit Chnum enthält er zugleich eine Variante der Menschenschöpfung, dieser ist »eigentlich der Isis-Sohn Horus gewesen, und deshalb mit Isis auch die Mutter aller Menschen geworden, denn Chnum habe doch die ersten Menschen auf

»Chnum habe doch die ersten Menschen auf seiner Töpferscheibe aus Ton gefertigt« – Chnum bildet auf einer Töpferscheibe einen Knaben sowie dessen Ka (beseelende Lebenskraft)

seiner Töpferscheibe aus Ton modelliert.«[10] So findet sich hier nicht zuletzt eine der ersten Fertigungen eines künstlichen Organs, Abbild jenes Körperteils, das in seiner eigenartigen Selbstbeweglichkeit und Produktivität als das Vorbild aller technischen Prothesen oder Apparaturen angesehen werden muß. Isis hatte nämlich »nicht vermocht, (...) das Schamglied des Osiris, das Seth verschlungen hatte, dem Leichnam anzufügen und deshalb ein künstliches angefertigt«[11].

Ohne hier näher darauf einzugehen, in welcher Form dieser und andere Mythen überliefert wurden, muß doch auf einen entscheidenden Unterschied aufmerksam gemacht werden, den zwischen der mündlichen und schriftlichen Tradition. Von den archaischen – den Keil-, Bilder- bis zu den alphabetischen – Schriften erhalten ist lediglich die letztere, die literale Tradition, und diese auch nur fragmentarisch. Ihre im wahrsten Sinne des Wortes einschneidenden Folgen für das Zeitbewußtsein werden noch ausführlicher zur Sprache kommen. Über die weit ältere – orale – Tradition muß dennoch nicht einfach spekuliert werden.[12] Zum einen ist sie in bestimmten Formen in unseren Kulturen noch gegenwärtig, und zwar keineswegs nur bei den wenigen noch existierenden schriftlosen Völkern. Aus ihrem Verhältnis zu den aktuellen Formen und Funktionen der Schrift könnte auf vergangene Verhältnisse rückgeschlossen werden. Zum anderen ist das Verhältnis selbst in den Mythen, zumindest den Schöpfungsmythen thematisch: als Zeit-Verhältnis, Erzeugung eines Vorher und Nachher aus einem Jetzt. Wenn Ptah »zunächst die ganze Welt in seinem Herzen erdacht« hatte, und diese »sofort« wirklich wird, wenn es »seine Zunge als Befehl« ausspricht, so dokumentiert dies nicht einfach einen uralten Idealismus. Die Identität von Aussprechen und Hervorbringen ist deshalb möglich, weil alles schon da ist. Es wird durch das Sprechen nur aktualisiert, in gewisser Weise nur beleuchtet und deshalb sichtbar, wie der Tag die Dinge sichtbar macht, die deshalb in der Nacht ja doch weiter existieren. Eben in diesem Kontext bildet die Sonne eine der ältesten Gottesvorstellungen, die Sonnentheologie ist ganz unmittelbar Philosophie der Zeit.

> »Wenn es in einer so frühen Kultur wie der altägyptischen überhaupt so etwas wie eine Philosophie der Zeit gegeben haben soll, dann ist gar nicht anders zu erwarten, als daß sie in Gestalt der

Theologie derjenigen Gottheit auftritt, die vor allen andern mit den Phänomenen der Zeit verbunden wird. Das ist in Ägypten die Sonnentheologie, die im Tempel von Heliopolis beheimatet ist«[13].

Die Philosophie der Zeit »in Gestalt derjenigen Gottheit (. . .), die vor allen anderen mit den Phänomenen der Zeit verbunden wird. Das ist in Ägypten die Sonnentheologie« – Die Sonne Re steigt aus einer dem Urozean entwachsenen Lotosblüte empor. Tempel von Dendera

Das Licht wird mit der Kraft identifiziert, die aus der Finsternis, den Urwassern oder der Leere die Gestalten erzeugt, d. h. *erscheinen* läßt, im Akt jenes spontanen ›Sprechens‹. Das Vorher und Nachher dieses Ereignisses bezeichnet keine gänzlich verschiedenen Qualitäten, sondern nur den ›zeitlosen‹ gegenüber dem ›gegenwärtigen‹ Zustand, verschiedene Aggregatsformen, die ineinander übergehen, in beiden Richtungen. Jan Assmann hat sie als »duale Einheit« des ägyptischen Zeitverständnisses beschrieben, als Prozeß zwischen werdender und vollendeter Zeit.

> »So besitzt für den Ägypter die Zeit als duale Einheit, als Komplexion von Virtualität und Resultativität, Wandel und Vollendung, in der Theologie des Sonnenlaufs eine natürliche und täglich neu erfahrene Evidenz.«[14]

Dabei zeichnet eine gewisse Leichtigkeit des Wechsels von der Dunkelheit zum Licht, vom Tod zum Leben, das zerstört und wieder zusammengefügt werden kann, die mythische Vorstellungsweise aus. Verkörpert ist sie in der »Konstellation des Sonnengottes Re mit seinem Antagonisten, dem Totengott Osiris«[15].

> »Re verkörpert die virtuelle Zeit, neheh, das ›ewige Morgen‹, aus dem jeder neue Tag hervorgeht, Osiris verkörpert die resultative Zeit, djet, das ›ewige Gestern‹, (...) er ist der Tod, aus dem das Leben kommt und dem es wieder anheimfällt, der Tod, durch den das Korn hindurchgehen muß, um wieder zur Pflanze zu keimen, der Urgrund des Lebens, das aus dem Tode lebt.«[16]

Eigentlich gibt es noch gar keinen wirklichen, d. h. einmaligen, unwiederbringlichen Tod, sowenig wie ein ganz besonderes Leben. Der Mythos erzählt auch keine einmalige Geschichte, vielmehr eine Potentialität, eine Struktur, die in vielfacher Gestalt unendlich wiederholt werden kann. Er wird gesprochen, wie eine Partitur in der Aufführung aktualisiert wird, immer das Gleiche, immer anders. Eben dieser Charakter erlaubt es, das mythische Denken nicht einfach als Reflex der Naturerfahrung oder Ideologie der Arbeitsorganisation der frühen Kulturvölker aufzufassen, gar nicht als repräsentativen Text. Vielmehr bildet es Formen, welche die Kooperation der unterschiedlichsten, auch widersprechendsten Wahrnehmungen und ihre Umsetzung ins

Handeln ermöglichen, die Anbindung von Naturerscheinung und experimentierender, dann immer wieder geübter Tätigkeit. Anton Grabner-Haider spricht von der »performativen« Struktur der mythischen Sprache: »Die Sprache des Mythos will etwas bewirken und eine Handlung ausführen.«[17]

Der Mythos bildet die in ständiger Bewegung befindliche Absicherung eines komplexen Gefüges aus naturalen und sozialen Vorgängen. Er liefert immer neue Gelenkstellen für ihre Zusammenarbeit, erfindet erst die Zyklen, in denen Tag und Nacht, Trockenheit und Flut, Aussaat und Ernte ineinander kreisen. André Leroi-Gourhan nennt die Mythologie »eine auf dem gesprochenen Wort basierende mehrdimensionale Konstruktion«[18], von der uns nur die Mythographie, ikonographische, hieroglyphische Zeichensysteme überliefert sind, Reste kultureller Formen, die sich als Zeitzeichen, Fixierung von bedeutenden Einschnitten, Rhythmen oder Perioden lesen lassen, als Kalender.

> »Der Kalender der Primitiven und der Bauern, der von der mythischen Zeit durchwirkt ist, erweist sich als ein Zyklus, der durch die Wiederkehr eines bestimmten Jagdwildes, durch die Reife einer bestimmten Pflanze oder durch die Feldarbeit markiert ist, die Zeit ist hier eine konkrete, operative Zeit, an der die astronomischen Körper teilhaben, sei es als Mitakteure in der gewaltigen techno-religiösen Maschine, sei es als weit entfernte Spender.«[19]

Noch auf der weit fortgeschrittenen Stufe agrarischer Organisation mit einem hohen Grad an Urbanisierung, wie sie die Schrift-Kulturen Mesopotamiens, Ägyptens, Chinas oder Indiens entwickeln, findet sich diese »lebendige Zeit« (Eliade), auch wenn sie wie in den Schöpfungsmythen zu eigenen Zeit-Gottheiten personalisiert worden ist. Isis und Osiris etwa liefern so das Schema, nach dem Tag und Nacht, Dürre und Fruchtbarkeit, Leben und Tod miteinander operieren. Isis, als Sonnenscheibe mit dem Kuhgehörn dargestellt, »lehrte die Länder, wie man Korn mahlen, Flachs brechen, spinnen und weben und den Haushalt führen sollte«[20]. Osiris, der Mondgott der Unterwelt, »ist der Urgott der beiden Länder. (...) Für ihn gießt Nun seine Wasser aus, und für ihn treibt der Nordwind stromaufwärts. (...) Für ihn wachsen die Pflanzen, bringt der Acker seine Frucht hervor«[21]. Er rief den Neid des Seth hervor, »weil er die Ägypter im Anbau der Feldfrüchte unterwies, ihnen Gesetze gegeben, sie die Weidewirtschaft gelehrt und die Verehrung der Götter geregelt hatte«[22]. Die ›glückliche‹ Zusammenarbeit von Isis und Osiris, die durch Seth – die Trockenheit, Dürre, Unfruchtbarkeit, das Böse – unterbrochen, durch das geschickte Zusammenfügen der Göttin wieder aufgenommen werden kann, diese kreisförmige Bewegung von Gegensätzen macht den produktiven Kern des Mythos sichtbar. Indem dieser die wechselnden Erscheinungen, seien sie plötzlich, erschreckend oder allmählich vor sich gehend, an eine Dauer, eine Vor- oder Nichtzeit bindet, regelt er zugleich die bis dahin zufällige, experimentierende Tätigkeit. Der Mythos bildet selbst ein Zeit-Schema, ein Raster, auf das die Bewegungen der Sterne, das Wachstum der Pflanzen, der Wechsel des Klimas, Geburt, Krankheit und Tod projiziert werden. So können sie mit den entsprechenden sozialen Handlungen, magisch-nützlichen Tätigkeiten integriert werden, zur ›rechten‹, d. h. passenden Zeit.

Das Haus der Zeit

Ernst Cassirer, dem wir eine immer noch anregende Systematisierung der symbolischen Formen verdanken, hat die ursprüngliche Ungetrenntheit von Zeit- und Raumvorstellungen im mythischen Denken festgehalten.

> »Zwischen beiden besteht zunächst keine scharfe Absonderung. (...) Es ist ein und dieselbe konkrete Grundanschauung, es ist der Wechsel von Licht und Dunkel, von Tag und Nacht, worauf die primäre Anschauung des Raumes wie die primäre Gliederung der Zeit beruht.«[23]

Anknüpfend an religionsgeschichtliche Untersuchungen, weist Cassirer auf die grundlegende Tätigkeit hin, die sich der Erfahrung des Wechsels anzupassen sucht: das Unterteilen oder Abschneiden, das erst die Räume entstehen läßt, in denen sich dann zugleich Rhythmen und Zyklen ereignen.

> »Wie die einfachsten Raumverhältnisse, wie links und rechts, vorwärts und rückwärts sich dadurch sondern, daß durch den

Lauf des Tagesgestirns eine Grundlinie, die Ost-West-Linie, bestimmt und diese sodann senkrecht durch eine zweite, durch die Nord-Süd-Linie, geschnitten wird, so geht auch alle Auffassung zeitlicher Abschnitte auf diese Schneidung und Kreuzung zurück.«[24]

In der Tat ist noch in den historisch weit entwickelten Sprachzuständen mit ihren ganz abstrakten Zeitkategorien diese erste Etymologie der Unterteilung heiliger Räume und Zeiten greifbar: »Die Grundworte *τεμενος* (tempus), templum bedeuten nichts anderes als Schneidung, Kreuzung: zwei sich kreuzende Dachsparren oder Balken bilden noch im Mund der späteren Zimmerleute ein *templum*«[25], zitiert Cassirer aus Hermann Useners Untersuchung über den Ursprung der Götternamen. Diese Teilungsvorstellung hat sich in die Zeitbezeichnungen der romanischen Sprachen fortgesetzt, italienisch *tempo,* spanisch *tiempo,* französisch *temps.* Genau so findet es sich als Grundbedeutung der nordeuropäischen Sprachen, im Englischen *time,* Schwedischen *tid,* Niederländischen *tijd,* im Deutschen *Zeit.* All das »gehört im Sinne von ›Abgeteiltes, Abschnitt‹ zu der idg. Wurzel *da(i)* – ›teilen, zerschneiden, zerreißen‹, vgl. z. B. (...) armen. *ti* – ›Lebenszeit, Alter, Jahre‹ und gr. *daíesthai* ›(ver)teilen‹«[26].

So ist in den Worten die elementare Bedeutung jeder Zeitvorstellung gegenwärtig: daß die Zeit etwas von sich unterscheidet, wodurch es etwas anderes wird, zunächst nichts als ein Schnitt im Gleichen, ein Strich in der Leere, ein Takt im Rauschen, eine erste Artikulation. Das mythische Denken kennt dabei keine abstrakte Zeit, keine »Sukzession ›an sich‹, sondern es gibt immer nur bestimmte inhaltliche Gestaltungen (...) Hierdurch wird das Ganze der Zeit durch gewisse Grenzpunkte und gleichsam durch gewisse Taktstriche in sich abgeteilt«[27].

Erst aus solchen korrespondierenden Taktstrichen, parallel oder synchron, entstehen der Raum und die Zeit als *eigene* Gestalten. Der Tempel ist zuallererst ein vom Weisen, Augur, Priester mit einem Stab in den Boden gezeichneter Bezirk, der einen entsprechenden Himmelsabschnitt definierte, in dem die Gestirne oder der Vogelflug beobachtet werden konnten, *wie sie sich wiederholen.* Erst so wurden sie deutbar, d. h. auf das soziale Leben beziehbar. Durch die Eintragung von ›Koordinaten‹ – vom bloßen Wohnsitz eines Totemtiers oder einer

»... wird ein besonderer Bezirk vom andern Raum abgegrenzt, ein ›heiliger‹ vom ›profanen‹ Raum« – Der el Bahri, Totentempel für Königin Hatshepsut (reg. 1490–68 v. Chr.); im Hintergrund der Totentempel für Mentuhotep I. (reg. um 2100 v. Chr.). Theben-West

Naturgottheit bei den Urvölkern zu den weit abstrahierten Linien der Hochkulturen – wird ein besonderer Bezirk vom andern Raum abgegrenzt, ein ›heiliger‹ vom ›profanen‹ Raum. Nur in diesem können die göttlichen Kräfte unmittelbar erscheinen, sich wiederholen, haben sie »am Beginn der Zeiten gelebt, und sie haben in jener Zeit dieses ›Zentrum‹ geschaffen. Hier, in diesen hierophanen Bezirken haben sich die Uroffenbarungen vollzogen; hier war es, wo der Mensch mit der Art und Weise sich zu nähren, mit der Erhaltung der Nahrungsquellen bekannt wurde«. All diese Bezirke »haben einen Zug gemeinsam: es gibt einen abgegrenzten Bereich, der (in dann sehr verschiedener Form) die Kommunion mit dem Heiligen möglich macht«[28].

Mircea Eliade, der sich hier auf eine ganze Bibliothek der Mythenforschung berufen kann, verfolgt den Aufbau der sakralen Stätten, die Entstehung der materiellen Befestigung einer ideellen Konstruktion, wo Wasser, Ton und Feuer zu Hinweisen auf erste Weltzustände werden, Raum und Zeit voneinander geschieden und zugleich integriert. So »bedeutet der Bau des Altars eine symbolische Integration der Zeit, eine ›Materialisation im Körper des Altars‹«[29], auf dem irdische Körper wiederum ›idealisiert‹, d. h. geopfert werden können, jene Kommunion vollzogen werden kann. Das Geschehen im heiligen Raum fixiert somit auch eine heilige Zeit. Die geregelte Struktur des Mythos, seine doppelte Logik, Zeit und Nichtzeit, das Vergängliche und das Ewige in einem Erzählakt zu verschmelzen, wird hier als Ritual in einer Institution ausdifferenziert.

Wie dieser Prozeß im einzelnen vor sich geht, wie kosmische, klimatische, vegetative Rhythmen zu magischen und religiösen Systemen weiterentwickelt werden, zu Feier- oder Unheilstagen, ›starken‹, konzentrierten oder ›schwachen‹, ›dünnen‹ Zeiten, zu den vielfältigen Kalendern eben, die das soziale Leben in regelhafte Abläufe bringen, kann hier nicht weiter ausgeführt werden.[30] Gegenüber späteren Zeitvorstellungen ist es jedenfalls eine qualitativ *inhomogene* Zeit, keineswegs ganz und gar vorhersehbar, offen für jeden Schrecken, seien es Naturkatastrophen, Überschwemmungen oder Dürre, seien es soziale Umbrüche oder Kriege. Zur Materialisierung der mythischen Erzählung in der Konstruktion des heiligen Raums, dem Bau von Tempel und Altar, zur Fixierung der Ur- oder Schöpfungszeiten durch räumliche Koordinaten mußte eine weitere, für die Zeitvorstellungen entscheidende Fixierung treten: die der mündlichen Rede durch die Schrift. Der Tempel, der ein Koordinatensystem in den Raum eintrug, durch das Bewegungen beschreibbar wurden, mußte selbst wieder im wörtlichen Sinne ›beschrieben‹, zum Träger von Schriftzeichen werden. Aus dem bloßen Bezirk wurde ein Dokument, ein Archiv, ein Testament. Aus dem Tempel wurde ein Gedächtnis der Zeit, ein Grab.

Die Schrift und der Tod

In der Etymologie unseres Schriftbegriffs, in all den Worten fürs Schreiben – *scrivere, écrire, to write* etc. – ist die ursprüngliche Tätigkeit durchaus festgehalten, im Lateinischen *scribere:* ›mit dem Griffel eingraben‹, ›einschneiden‹, ›ritzen‹, ›Abstände eintragen‹. Am Ursprung der Schrift, 35 000 Jahre vor unserer Zeit, finden sich nur Kratzer, Ritzer, erste Spuren eines Graphismus, zusammen mit Farben und Verzierungen.

> »Sie tauchen zur gleichen Zeit auf wie die Farbstoffe (Ocker und Mangan) und die Schmuckgegenstände. Es handelt sich um hufenförmige Linien oder Folgen von in Knochen oder Stein eingegrabenen Kerben, kleine, im gleichen Abstand angeordnete Einschnitte«[31].

Für André Leroi-Gourhan, der die faszinierende Geschichte der Zeichen von diesen Anfängen bis ins audiovisuelle Zeitalter dokumentiert hat, stellen sie die ersten Zeugnisse einer symbolisierenden Tätigkeit dar, »noch fern jeder bildlichen Konkretheit«. Unabhängig von allen Spekulationen, ob es sich um »Jagdzeichen«, Aufzählungen des erlegten Wildes, um Hinweise auf Ahnenkulte oder was immer handelt, fixieren sie eine der ersten Erfahrungen von Zeit, den Rhythmus[32] – noch keiner abstrakten Zeit, das ist »nur einer der beiden Pole des Rhythmus«, des Intervalls, der regelhaften Unterbrechung. Sie und der Raum als der andere Pol entstehen erst aus solchen Schwingungen. Sprache und Schrift, die unendlich komplexe Welt der Zeichen erscheinen als Überlagerung rhythmischer Ereignisse, als Interferenzen. Nur sie werden mit der Erfindung zunächst ganz einfacher Abschnitte fixiert.

»Es handelt sich um hufenförmige Linien oder Folgen von in Knochen oder Stein eingegrabenen Kerben« – Wolfsknochen mit einer scharf eingeschnittenen Kerbenreihe aus der ca. 25 000 Jahre alten Mammutjägerstation von Dolní Věstonice in Mähren

»Unter all den Hypothesen (...) erscheint mir noch am wahrscheinlichsten, daß diese Kerbenfolgen etwas mit dem Rhythmus der Sprache zu tun haben. (...) Es ist nicht ausgeschlossen, aber auch nicht beweisbar, daß diese Kerbenfolgen den wesentlichen Rhythmus des tierischen Lebens, den des Herzschlags, repräsentiert hätten. (...) in jedem Fall zeugen diese Dokumente, viele Jahrtausende vor den ersten Maßsystemen, von der frühesten Wahrnehmung regelmäßiger rhythmischer Intervalle. (...) Diesen vorgegebenen Rhythmen überlagert sich das dynamische Bild des Rhythmus, den der Mensch in seinen Gesten und seinen lautlichen Hervorbringungen schafft und formt, und schließlich auch die graphischen Spuren, die mit der Hand auf Stein oder Knochen eingebracht wurden.«[33]

Es kann hier auch nicht im entferntesten die vielfältige Entwicklung der symbolischen Formen, der Pikto-, Ideo-, Mythogramme, der Mischungen und Differenzierungen von Abbildern und Ideen, Darstellungen der physischen und metaphysischen Welt verfolgt werden. Es handelt sich jedenfalls um graphische Systeme, die immer *zwei Sprachen* integrieren: die mit dem Sprechen und Hören verbundene, für die Koordination der Töne zuständige *orale* Artikulation und die mit dem Visuellen, den sichtbaren Bewegungen verbundene *gestische*. Beide Formen werden mit dem graphischen Zeichen einander zugeordnet, d. h. in zeitliche Verhältnisse gebracht. Das Visuelle ist zunächst mehrdimensional. Das Akustische dagegen, der Strom der Töne, ereignet sich linear. Entsprechend finden sich mehrdimensionale, z.B. strahlenförmig auf Flächen verteilte Aufzeichnungen neben linearen Anordnungen. Erst allmählich, in den Hochkulturen Chinas, Mesopotamiens, Ägyptens werden die mehrdimensionalen Bilder der phonetischen Linie untergeordnet, die Gleichzeitigkeit von der Sukzession verdrängt. So entsteht die lineare Zeit und ihr abstraktes Symbol, die Zahl, entstehen die ersten Formen der Schrift.

»Das System der organisierten Darstellung mythischer Symbole und das eines elementaren Rechnens scheinen zu einem bestimmten Zeitpunkt (...) zusammenzufließen und bringen die primitiven Schriften der Sumerer und Chinesen hervor, in denen die dem gebräuchlichen Figurenrepertoire entnommenen Bilder eine weitgehende Vereinfachung erfahren und sich

»... aus Symbolen (...) werden Zeichen, wirkliche Werkzeuge im Dienst eines Gedächtnisses« – Diskos von Phaistos. Minoisch, um 1600 v. Chr. (bis heute nicht entziffert)

> aneinanderreihen. (...) aus Symbolen mit dehnbaren Implikationen werden Zeichen, wirkliche Werkzeuge im Dienst eines Gedächtnisses, in das die Strenge des Rechnens Eingang fand.«[34]

Erst auf dieser Stufe bilden die Zeichen nicht mehr bloße Unterstützungen einer im wesentlichen oral funktionierenden Kommunikation. Zwischen 3500 bis 1400 v. Chr., von der ersten wirklichen Bilderschrift bei den Sumerern bis zum ersten Alphabet aus Ugarit, werden die Zeichen dem Strom der Laute mehr und mehr angepaßt, wird aus der ikonologischen Textur ein phonologischer Text. Indem die Bildzeichen den Lautzeichen untergeordnet werden, wird die Linie, eine Folge von Punkten und Strichen, zum elementaren Zeitzeichen: Auf ihr wird verzeichnet, was einmal war. Erst mit der Schrift gibt es einen wirklichen Tod.

Wieder kann die ägyptische Kultur als Beispiel eines solchen Übergangs zyklischer Zeitvorstellungen in lineare dienen. Tatsächlich ist es die besondere Konstruktion der ägyptischen Schrift, welche die Möglichkeit dieses Schritts in die Geschichte bietet: ihre Mischung von Bildzeichen und Lautzeichen, Ideo- und Phonogrammen. Ohne dies hier weiter ausführen zu können, bietet doch diese Konstruktion, in der die Zeichen für das Sein und die für das Gewesene kooperieren, einen Anreiz, ihren Zusammenhang herzustellen, den Weg vom Leben in den Tod als *einmalige* Ereigniskette festzuhalten. In den Hieroglyphen wird das Ideogramm, das Bild für etwas, das ›zeitlos‹ *da* ist, mit dem Phonogramm, dem Zeichen für etwas, das nur als Laut-*Bewegung*, als ihr *Verschwinden* existiert, zusammengestellt.[35] Die Textur der Bilder wird mit Zeitmarkierungen versehen, eine besondere Geschichte möglich. Die Schrift wird auf diese Weise zum Gedächtnis der Vergangenheit, zum Testament dessen, was war.

Das ist ganz wörtlich zu verstehen. Mit einleuchtenden Belegen hat Jan Assmann die Inschriften auf und in den monumentalen Gräbern der Pharaonen, Fürsten, hohen Beamten in diese Funktion gerückt. Die Grabinschriften, die sich bis zum Umfang »eines kleinen Buches« bereits im Alten Reich von 2700–2150 v. Chr. finden, sieht er als Versuch, die »Grenze der Zeit, und nicht die des Raumes« zu überschreiten. Es geht dabei nicht um operative Botschaften in irgendeiner gegenwärtigen Handlung. »Die ortsgebundene Inschrift will die Botschaft nicht transportieren, sondern bewahren.«[36]

Was als Anstrengung beginnt, das heldenhafte, der Gemeinschaft nützliche, also rühmliche Leben eines Einzelnen festzuhalten und sich in diesem Ideal einer kollektiven Identität zu vergewissern, also der Versuch, *Unsterblichkeit* zu beweisen, befestigt erst den Graben zwischen jenem anderen, ewigen Leben und dem einfachen, alltäglichen Hier und Jetzt. Sicher sind die Grabstätten in der entgegengesetzten Absicht erbaut.

> »Die ägyptischen Gräber enthielten zugängliche Kapellen, die von den Späteren besucht und bewundert wurden. Eine der wichtigsten Funktionen des ägyptischen Grabes bestand darin, auf diese Weise den Namen des Grabherrn im Munde der Lebenden lebendig zu erhalten. Die Grabinschrift erzählt seine Lebensgeschichte als Appell an das kollektive Gedächtnis. *Denn im Gedächtnis, nicht im Grabe leben die Toten weiter;* das Grab ist nur die ›Außenstabilisierung‹ dieser sozialen Fortdauer«[37].

Aber eben diese Funktion der materiellen Stütze eines ›lebendigen‹ Innern, der *Erinnerung*, macht die Schrift selbst zur ständigen Grenze zwischen der Ewigkeit und der Aktualität, die sie als *Sterblichkeit* degradieren muß. So finden sich in der ägyptischen Sprache konsequenterweise zwei Formulierungen für Zeit, *neheh* und *djet*. Das erste ist die zyklische, periodische, operative Zeit des Handelns, ablesbar am Gang der Gestirne. Das zweite Konzept, *djet*, ist die abgeschlossene Zeit, jene ruhmvolle Vergangenheit oder »Dauer dessen, was im geschichtlichen Wandel zu einer Endgestalt ausgereift« ist. Eben damit »verbindet sich in Ägypten der Steinbau, die Plastik, die Mumifizierung und die Schrift«[38].

Damit ergeben sich praktisch zwei Reihen von Zeichen, zwei Ordnungen symbolischer Kommunikation. Zum einen die operative, die Daten vermittelt, um von einem Handeln zum andern zu kommen, den nächsten Schritt sinnvoll zu planen. Zum anderen die narrative, die Größe, Ruhm, Unsterblichkeit erlangen will. Hier beginnt die Literatur, kann Assmann das Grab zu Recht als »Vorschule der Literatur« bezeichnen.

> »Die bedeutendste Erzählung der altägyptischen Literatur, die ›Geschichte der Sinuhe‹, gibt sich als Kopie einer autobiographischen Grabinschrift. (...) Schreiben heißt: auf Dauer stellen, bewahren, verewigen.«[39]

Die Literatur, das schriftliche Erzählen, bildet demnach den aussichtslosen und eben deshalb über viele Jahrhunderte so lustvoll wiederholten Versuch, dem Tod zu entgehen. Indem sie seine Geschichte erzählt, bringt sie ihn erst in die Welt.

Das Nichts, die Leere, die Null

Mit der Entwicklung der Schriften in den Hochkulturen, mit der Fixierung bedeutender Ereignisse in Bildern und Texten, d.h. mit der Repräsentation der Vergangenheit in einem materiellen Gedächtnis außerhalb der oralen Tradition, gerät das mythische Zeitbewußtsein in eine Krise. Ohne die literalen Kulturen vermischen zu wollen – ihre Differenzen lassen sich gerade an ihren sehr unterschiedlichen Schriftformen ablesen –, beschreiten sie doch einen ähnlichen Weg. Wenn auch zum Teil um Jahrhunderte versetzt, abhängig von der Isolation einer Kultur oder ihren Kontakten mit anderen, geht er aus dem mythischen Kreislauf, dem periodischen Wechsel der Ereignisse in die neue, unwiederbringliche Zeit der Geschichte. Gekennzeichnet wird dieser Schritt durch das scharfe Bewußtsein des Todes, die exzessive Reflexion dieses Schnittes zwischen Diesseits und Jenseits, der vielfältigen Strategien zu seiner Überschreitung oder Bewältigung.

So konnte die ägyptische Kultur insgesamt als eine Totenkult-Kultur der Grabmonumente und Mumifizierungstechniken dargestellt werden.[40] Indien und China liefern weitere charakteristische Beispiele. Ihre Religionen bilden auf verschiedene Weise den Versuch, der eben entdeckten Geschichte zu entgehen, die Zeit aufzuheben, in raffinierten Verhaltens- und Denkanordnungen regelrecht auszulöschen. In den Lehren Buddhas aus dem 5. Jh. v. Chr. erscheint das Leben als einzige Reihe von Entstehen und Vergehen, und dies ist »vor allem und wesentlich Schmerz«[41]. Als schmerz- und mangelhafte Bewegung, unaufhörlich leidvolles Werden wird es ausgerechnet an das Bild des Rades oder Kreises geknüpft, das Urschema des Mythos. Cassirer zitiert aus den »Fragen des Milinda«, wo der König Milinda von dem Heiligen Nâgasena ein Gleichnis für die Seelenwanderung verlangt:

> »Da zeichnet Nâgasena einen Kreis auf den Boden und fragt: ›Hat dieser Kreis ein Ende, großer König?‹ – ›Das hat er nicht, o Herr.‹ – ›So bewegt sich auch der Kreislauf der Geburten.‹ – ›Gibt es also ein Ende dieser Verkettung?‹ – ›Das gibt es nicht, o Herr.‹«[42]

Die einzige Möglichkeit, dem Rad des Werdens zu entkommen, besteht darin, es zu zerbrechen. Durch Askese, Selbstabtötung des Leibes und Konzentration des Geistes auf das Nichts wird ein Entkommen aus dem fatalen Kreis ermöglicht.

> »Die Überwindung des Leidens wie die des Tuns erfolgt durch die Zerstörung der Zeitform, nach welcher der Geist in die wahrhafte Ewigkeit des Nirwana eingeht. (...) ›Das Rad ist gebrochen, der ausgetrocknete Strom der Zeit fließt nicht mehr, das gebrochene Rad rollt nicht mehr: – das ist das Ende des Leidens.‹«[43]

Auch wenn den mannigfach verknüpften Kulturen Indiens und Chinas in ihren Religionen ganz entgegengesetzte Intentionen zugrundeliegen – dem Buddhismus die Stillstellung, dem Taoismus die Verlängerung des irdischen Lebens –, das Bewußtsein von der Zeit als zunächst wertloser, vergänglicher Geschichte gründet auf dem gleichen Schema: der dauernden Kreisbewegung des materiellen Seins, aus der der Sprung ins Bewegungslose, ins Nirwana oder in das ›Leere‹ des Tao gelingen muß. Etwa 800 Jahre nach Buddha und Konfuzius, dem großen chinesischen Philosophen, finden sich beim Mönch Seng-chao Überlegungen, die eine Überblendung der chinesischen mit der indischen Tradition darstellen. Nach Wolfgang Bauer bildet »die völlige Aufhebung der Zeit ein Kernstück« seiner Lehre.

> »Daß Geburt und Tod einander abwechseln, daß Winter und Sommer einander folgen, (...) wird allgemein als selbstverständliche Voraussetzung anerkannt. Für mich aber ist all das völlig anders. (...) Bei näherer Betrachtung finden wir, daß der Akt der ›Nicht-Bewegung‹ nicht bedeutet ›Aufgehen der Bewegung im Streben nach Ruhe‹, sondern unzweifelhaft ›Ruhe innerhalb aller Bewegung‹. (...) Es folgt daraus, daß Bewegung und Ruhe noch nie zwei grundsätzlich verschiedene Daseinsformen waren, sondern daß sie uns nur in unserer Verblendung als verschieden erscheinen.«[44]

Die buddhistische Negativität und den taoistischen Erhaltungswillen integriert Seng-chao in der Konstruktion einer Welt, die immer stillsteht, wo »selbst Wirbelstürme, die die Berge entwurzeln, in Wirklichkeit ruhig sind; (...) Sonne und Mond, die auf ihren Bahnen dahinziehn, nicht kreisen.«[45]

Alle Bewegung sei nur Illusion dessen, der sich bewegt, eine Täuschung unserer Wahrnehmung, wie sie der Film praktiziert, dessen Bilder wir aufgrund der Trägheit unserer Netzhautrezeptoren nicht einzeln verfolgen können. Mit diesem aktuellen technischen Medium jedenfalls vergleicht Bauer die Auffassungen des Mönchs.

> »Sobald man sich aber bewußt wird, daß jede Phase der Bewegung und Veränderung fest und unbeweglich in ihrer Zeiteinheit ruht, löst sich die scheinbar so fließende Bewegung auf in eine Art Filmstreifen mit einer unendlichen Reihe starrer Bilder, die gleichwertig nebeneinander stehen.«[46]

Das Zeitbewußtsein gründet auf der »dauernden Kreisbewegung des materiellen Seins« – Darstellung des leidvollen Kreislaufs der Wiedergeburten. Tibetischer Blockdruck, o. J.

Ohne dieser Idee, in der sich der Relativismus und die Beobachter-Theorien weit späterer Jahrhunderte andeuten, nun im einzelnen nachzugehen, ist die Form dieser Erkenntnis bemerkenswert. Sie geschieht nicht allmählich, Schritt für Schritt, als graduelle Anreicherung oder Vervollständigung des Wissens. Sie ergibt sich vielmehr als Sprung, plötzlicher Gedankenblitz.

> »Diese Lehre von der blitzartigen Erleuchtung, die zugleich die endgültige Lösung in sich schließt, war tatsächlich der wohl wesentlichste Beitrag, den China zur Entwicklung des Buddhismus geleistet hat«[47].

Der mythische Kreis wird hier nicht einfach aufgegeben und durch ein neues Modell ersetzt. Er wird vielmehr aus sich heraus verflüchtigt, verliert auf einmal allen Wert, alle Substanz, wird radikal entleert. Der Kreis wird zur Null.

Tatsächlich wird die Null, die abstrakteste Formulierung für das Nichts, in Indien erfunden. Ein Trennzeichen für eine Leerstelle in einem Zahlensystem gab es bereits im 3. Jh. v. Chr. bei den Babyloniern.[48] Aber erst im 5. bis 6. Jh. n. Chr. gibt es auch die Zahl Null. Kathleen Gough hat hierin die bedeutendste Erfindung auf dem Weg zu exakten technischen und sozialen Regelungen gesehen, von Kalendern und Uhren bis zu ausdifferenzierten Sozialsystemen.

> »Inder und Chinesen haben eine Reihe von Kalendern entwickelt, die auf den Anfang bestimmter Dynastien zurückgehen; und beide Völker haben auch Methoden zur Messung kurzer Abschnitte des Tages durch Sonnenuhr, Stundengläser usw. entwickelt, wobei die chinesische Entwicklung von Wasseruhren und Uhrwerken jedoch ein größeres Interesse an exakter Messung kleiner Zeiteinheiten anzuzeigen scheint (...). In diesem Zusammenhang war natürlich die Erfindung der Null im Indien des 5. oder 6. Jhs. n. Ch. und ihre schnelle Übermittlung nach China entscheidend (...). Ich halte es für möglich, daß das Vorhandensein oder Fehlen der Null von größerer Bedeutung für die Entwicklung verschiedener Arten des Wissens (Astronomie, Algebra, Arithmetik und – natürlich – der ganzen modernen Experimentalwissenschaft) war als die Unterscheidung zwischen ideographischer und alphabetischer Schrift.«[49]

»Ein Trennzeichen für eine Leerstelle in einem Zahlensystem gab es bereits im 3. Jh. v. Chr. bei den Babyloniern« – Mathematische Tafel aus Uruk, eines der ältesten bekannten Zeugnisse für die Verwendung der ›babylonischen Null‹. 2. oder 3. Jh. v. Chr.

Diese Alternative – ob das Verhältnis von Bilderschriften zu alphabetischen Schriftsystemen oder die Existenz der Null kulturelle Entwicklungen wesentlicher bestimmten – muß so gar nicht gestellt werden. Die Ziffer Null – von altindisch *suny-m:* ›das Leere‹, arabisch *sifr, safira:* ›leer sein‹ stammt das Wort – steht genau an der Grenze zwischen den Bilderschriften und den Lautschriftsystemen. Sie ist ein Bild, aber ein ganz paradoxes: ein Bild für das Nichts, für das Leere, zu dem ihre Linie die Grenze zieht. So steht sie zwischen den Ideo- und den Phonogrammen, deutet auf etwas, das nicht ist, aber war, oder eventuell sein wird. Es handelt sich wohl um das zentrale Zeichen, das die vom Mythos belebten von den linear strukturierten Kulturen trennt, die Gesellschaften *vor* der Geschichte von denen *mit* einer Geschichte. Sie beginnt, indem sie sie er-zählen. Sie erzählen von der großen Zeit vor der Geschichte, der ruhmvollen Vergangenheit, wo der Tod keine Kraft hatte. Die Geschichte selbst wird dann ge-zählt – seit dem Jahre Null.

II Die kürzeste Verbindung

In den Zeitraum von der Formulierung der Lehren Buddhas, Konfuzius', des Taoismus bis zur Erfindung der Null fällt auch die für das abendländische Zeitbewußtsein fundamentale Bewegung, die Gründung und Ausbildung des Christentums. Vollzieht sich im Denken der indischen und chinesischen Religionen die Entwertung mythischer Vorstellungen bis hin zur Idee eines von allen Akzidentien oder gar aller Materie befreiten, also vollkommen leeren Seins, das dann seine mathematische Abstraktion zur Null erlaubte, so werden im christlichen Denken die mythischen Kreise nicht minder wirksam aufgelöst. Um im Bild zu bleiben: sie werden aufgeschnitten und umgebogen, in gerichtete Linien mit Anfang und Ende verwandelt.

> »Mögen manche dieser Vorstellungen auch im mythischen Denken beheimatet gewesen sein, nach dem die Welt sich nach gewissen Kreisläufen der Zeit durch göttliches Eingreifen erneuert und eine neue Ära beginnt; nun trat man aus diesen Zauberkreisen heraus und steigerte die angekündigte Erneuerung der Welt zum einmaligen Ereignis der Geschichte.«[50]

Wendorff, der die christliche Zeitauffassung durchaus als eine Art ›Summe‹ aus den vorlaufenden Traditionen, vor allem griechischer und jüdischer Vorstellungen, sieht, auch keineswegs als einheitliche, vielmehr in langwierigen Richtungskämpfen entwickelte, legt damit zu Recht den Schnitt in die *Einmaligkeit* der Anwesenheit des Messias, mit der sich alles ändert.[51] Das Problem jeder Zeitkonzeption, wie sie selbst begründet werden kann oder wie eine Zeit vor der Zeit denkbar wäre –

◁ »Christus aber ist ›einmal erschienen‹, und er ›starb *einmal*‹ (. . .). Das Leben wird einmalig und gerichtet« – »Die Auferstehung«. Kupferstich (vermutlich von Philippe Galle nach Peter Brueghel d. Ä.), o. J.

das die mythische Konstruktion durch eben den unabschließbaren Kreislauf der Selbsterzeugung gelöst hatte –, wird durch die Menschwerdung Gottes folgenreich neu bewältigt. Das Neue liegt nicht in der Transformation der Substanzen, diese definiert ja geradezu das mythische Denken als beständiges Ineinander der Stoffe, im ewigen Leben des ›zerstückelten Gottes‹ Osiris etwa begreifbar. Christus aber ist »einmal erschienen«, und er »starb *einmal*(!) für die Sünden, als Gerechter für Ungerechte, um euch zu Gott zu bringen. Er wurde getötet dem Fleische nach, aber lebendig gemacht dem Geiste nach« (Petrus, 3,18).

Die Konsequenzen dieser Idee für die Entwicklung zumindest der abendländischen Gesellschaften können gar nicht überschätzt werden. Sie bildet durch alle Säkularisierungen hindurch den Kern dessen, was das Abendland als Geschichte konstruiert hat. Die Einmaligkeit, Unwiederholbarkeit dieser Erlösungstat löst tatsächlich jenes Zeitproblem auf einfache Weise: Diesseits und Jenseits, Materie und Geist werden zu Phasen eines Geschehens, dessen eine Phase als Ausbruch, Unfall, Entgleisung begriffen wird, die durch eine ganz und gar außergewöhnliche Handlung repariert werden muß. Die mit der Sprache erfolgte Zweiteilung der Welt in Materie und Sinn, die mit der Schrift von der Idee des Todes oder eben des bloß einmaligen Lebens erfolgte Beunruhigung wird durch eine neuartige Versicherung gemildert: daß das irdische Leben nur ein Umweg sei, und daß es ein Ziel gäbe, nach dem es ausgerichtet werden könne. Damit werden die vielen Geschichten der Alten vom großen Durcheinander der Götter, Menschen und Tiere auf einmal unterbrochen, ein Datum wird gesetzt – die irdische, zählbare Zeit von der ewigen Zeit, dem anderen Zustand unterschieden.

> »Im Jahre 5199 mit der Erschaffung der Welt, (...) im Jahre 1518 mit dem Auszug des Volkes Israel unter Moses Führung aus Ägypten (...) – da wollte Jesus Christus, Ewiger Gott und Sohn des ewigen Vaters, die Welt durch seine gnadenreiche Ankunft heiligen.«[52]

Das Leben wird einmalig und gerichtet, d. h. es läßt sich einrichten, nach Christi Vorbild auf den rechten Weg bringen. Die Zeit, nur eine Abweichung vom ewigen Sein, muß genutzt werden, um es schließlich wieder zu erreichen.

Unter dem Auge der Uhr

Das christliche Denken entwickelt zwei Zeiten, die aber nicht, wie in bestimmten Richtungen der Gnosis, unvereinbar bleiben – jenseitiges Reich Gottes und hiesiges, auf ewig unerlöstes Reich des abgefallenen Engels.[53] In Auseinandersetzungen mit solchen extrem dualistischen Überzeugungen entwickelt sich im Frühchristentum das die weitere Geschichte bestimmende Konzept, dokumentiert in den Schriften der Kirchenväter, von Origines über Athanasius bis zu Augustinus, um nur drei der prägenden Gestalten zu nennen. Seine klare Formulierung findet dieser Zeitbegriff in den »Konfessionen« des Augustinus, niedergeschrieben zu Ende des 4. Jhs. n. Chr. Augustinus erklärt als »törichte Frage, was Gott tat, bevor er schuf«, um zum Unterschied von Zeit und Ewigkeit zu kommen.

> »Sie suchen Ewiges zu erforschen, aber ihr Herz ist noch eitel und irrt umher zwischen dem, was einst geschah und künftig geschehen wird. Wer wird es festhalten, daß es ein wenig stehen bleibe und ein weniges erfasse vom Glanz der allzeit feststehenden Ewigkeit, sie vergleiche mit den nie stillstehenden Zeiten und sehe, daß sie ganz unvergleichlich sind.« (»Confessiones«, 11. Buch, XI,13)[54]

Das irdische Elend bildet nur eine Abirrung vom himmlischen Reich, das durch den Akt der Selbstmaterialisation des Gottessohnes prinzipiell wieder betreten werden kann. Hier soll nicht der innerchristliche Streit um den korrekten Zeitpunkt dieser Erlösung verfolgt werden, ob er sehr nahe sei oder noch sehr fern, mit welchen Zwischenstadien – etwa das 1000jährige Reich des Satans, das Johannes (Off. 20) annimmt, wäre zu nennen. Wesentlich ist, daß es ein *kommendes* Reich ist, auf das hin von der Geburt an alles getan werden muß, um es auch zu verdienen. Das christliche Leben gerät in eine starke und eigentlich nur mit dem Tod vorläufig beendbare Spannung: das irdische Verhalten muß sich für den andern Zustand *nach* dem Leben qualifizieren, es wird zum Beweis, daß der Einzelne jenes versprochenen Übergangs auch würdig ist. Es wird zum *Zeichen,* in dem sich eine göttliche Qualität repräsentiert, sich die Erlösung andeutet, ansagt – oder eben nicht. Als solches kann es zum entscheidenden Zeitpunkt gelesen werden, die

Lektüre erlaubt dann das ewige Leben oder entscheidet für ewige Verdammnis. Zwischen dem Jetzt und dem Jenseits gibt es einen Schnitt, wo die Spreu vom Weizen getrennt wird, oder, mit den Worten des Johannes, die Trauben geerntet und gekeltert werden.

> »Ich schaute, und siehe, da war eine weiße Wolke, und auf der Wolke saß einer gleich einem Menschensohn, der hatte (...) in seiner Hand eine scharfe Sichel. (...)
> Und der auf der Wolke saß, legte seine Sichel an die Erde.« (Off. 14.14,16)

Dieser Zeitpunkt muß nicht wie hier als Apokalypse, blutiges Weltgericht, spekuliert werden, auch wenn das apokalyptische Denken eine starke und bis heute wirksame Spur im christlichen Denken wie in vielen seiner Abzweigungen bis zu literarischen Transformationen zieht.[55] *Daß* eine definierte Zukunft angenommen wird, ein kommendes Urteil, gibt dem Leben seinen Zeichencharakter. Wie eine Schrift, die, in ein Material eingetragen, diesem eine Bedeutung gibt, muß der einzelne sich seine Bedeutung, seinen Wert für das künftige Sein erarbeiten. Hierin liegt das Potential, die immer wieder erneuerte und verstärkte Spannung im christlichen Zeitbewußtsein, die in konsequenten Schritten die abendländische Geschichte, ihre technischen, sozialen, kulturellen Einrichtungen und deren Differenzierungen bestimmen wird. Eine soziale Institution und eine technische Vorrichtung, die durchaus zusammenhängen, sollen hier näher angeschaut werden: das Kloster und die Uhr.

Asketische Gemeinschaften, das Zusammenleben im Dienste einer Religion, um zu fasten und zu beten, finden sich schon lange vor dem Christentum über die Erde verbreitet, etwa im Buddhismus, bei den Serapis-Anhängern in Ägypten, bei den Essenern, einer vorchristlichen Sekte, die von ca. 200–70 v. Chr. in Qumran am Toten Meer lebte. Die erste größere Zusammenfassung von Christusanhängern zu einer klosterähnlichen Gemeinschaft findet sich im 4. Jh. in der Thebais, das sogenannte Koinobion oder Coenobium des ehemaligen Einsiedlers Pachomius. Von ihm wird bereits eine Art Klosterregel

»Aus der möglichen Erlösung, dem zumindest potentiellen Heil, wird ein Heilsplan. ▷ Um ihn so genau wie möglich zu erfüllen, müssen seine Etappen genauer bestimmt werden« – Holzschnitt aus der Klosterordnung der Kartäuser, 1510

ORIGO ORDINIS CARTVSIENSIS.

Justo dei iudicio accusatꝰ sum.

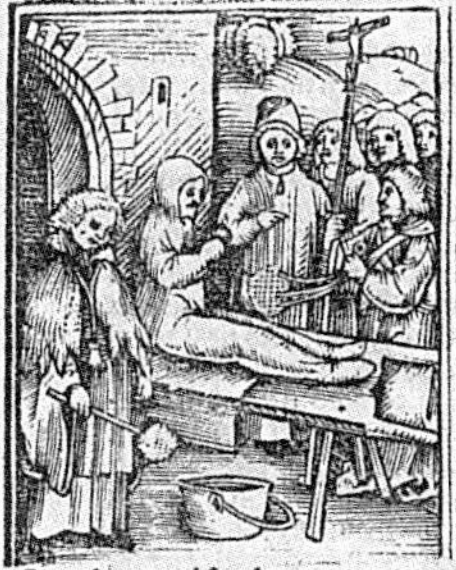

Justo dei iudicio iudicatus sum

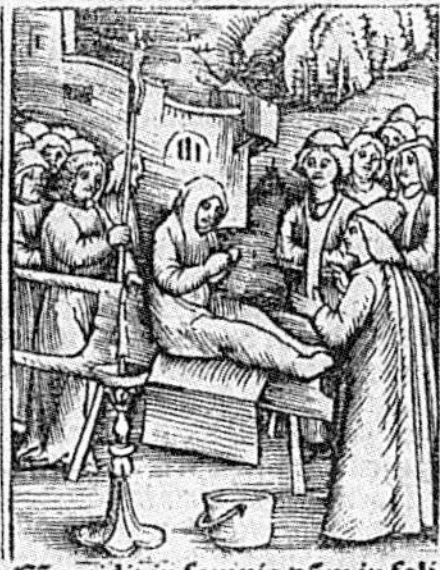

Justo dei iudicio cõdemnatꝰ sum

Ecce elongaui fugiens / et mansi in solitudine. Psal. 54.

Eps vidit in somnio dñm in solitudine sibi habitaculũ cõstituere

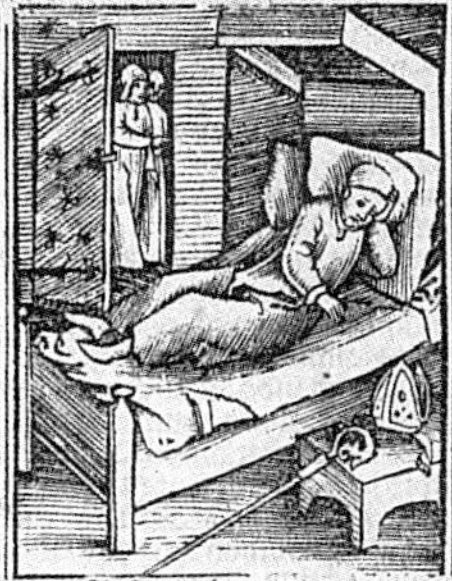

Bruno ꝛ socij eiꝰ cadũt ad pedes episcopi / petentes sibi dari locũ.

Episcopꝰ stellis sibi ducatũ prebentibus / ostendit ipsis locum.

In loco eis demonstrato / edificant.

Cartusia cõstructa / in cellis contemplant.

überliefert, d. h. ein Zeitplan, nach dem Arbeit, Gebet, Essen, Fasten und Schlafen organisiert wurden.[56] Die »älteste lateinische Mönchsregel überhaupt«, die – das bleibt bis heute umstritten – im Jahr 395 schriftlich fixiert worden sein soll, stammt vom berühmten Bischof von Hippo in Nordafrika, dem bereits zitierten Aurelius Augustinus.[57] Die für die abendländischen Klostergründungen wirksamsten Formulierungen sind dann von Benedikt von Nursia aus dem Jahr 550 überliefert, dem Abt des Klosters Montecassino. Bei ihm spätestens wird der Sinn des Klosterlebens nicht mehr in der bloßen Askese gesehen, der Verminderung des Leibes, um dem Reich des göttlichen Geistes bereits auf Erden möglichst nahe zu sein. Vielmehr soll diese Nähe durch ein tätiges Leben erreicht werden, durch *Arbeit.* Unter Augustinus' Prämisse, daß »Zeit nur darum sei, weil sie zum Nichtsein strebt« (»Confessiones«, 11. Buch, XIV,17), also der wesentlichen Abhängigkeit oder eigenen Wertlosigkeit der irdischen Zeit, gilt es, sie wertvoll zu machen, etwas für die künftige Existenz Bedeutendes beizutragen. In seiner Nachfolge fordert die Mönchsregel des Isidor von Sevilla, etwa 70 Jahre später:

> »Der Mönch muß immer mit seinen Händen arbeiten, (...) entsprechend dem Wort des Apostels ›Wir haben nicht umsonst das Brot gegessen, sondern unter Mühe und Anstrengung haben wir Tag und Nacht gearbeitet‹.«[58]

Entsprechend wird nicht nur der Tag sondern das ganze Jahr in eine Arbeitsregel gefaßt, die im Sommer bereits vom »frühen Morgen bis zur dritten Stunde Handarbeit«[59] vorsieht. Das mönchische Leben wird so systematisch nach einem Zeitschema gegliedert – zunächst drei-, mit dem 7. Jh. siebenmal täglich läutet die Klosterglocke –, die Zeit wird reguliert und damit qualifiziert. Der Wert des Tuns wird meßbar. Statt herumzuirren und auf Gnade zu hoffen, kann der Einzelne in der gemeinsamen Arbeit seinen Wert beweisen. Aus der möglichen Erlösung, dem zumindest potentiellen Heil, wird ein Heilsplan. Um ihn so genau wie möglich zu erfüllen, müssen seine Etappen genauer bestimmt werden.[60] *Pünktlichkeit* wird zu einem neuen Ideal.

Das Mittel, mit dem sie kontrolliert wird, mit dem die Stunden eingeteilt wurden, das Horologium, die Uhr, mußte verbessert werden. Wohl hier, von den ersten Klosterregeln bis zur Erfindung der durch die Hemmung präzis geregelten Räderuhr im 13. Jh., gehen

»Sonnen- oder Wasseruhren sind uralte Erfindungen« – »Die künstliche sonn-Uhr in eynes yeden menschen Lincken handt«. Holzschnitt von Jacob Koebel, 1532

die östlichen und die westlichen Kulturen entscheidend auseinander. Das Abendland erhält seinen bis heute wirksamen Beschleunigungsimpuls.

Uhren und Kalender hatten alle Hochkulturen entwickelt, Sonnen- oder Wasseruhren sind uralte Erfindungen, die Chinesen etwa bauten komplizierte hydropneumatische Automaten, man denke nur an die ›Nachtigall‹ aus Andersens Märchen. Aber all diese Vorrichtungen waren großen Schwankungen unterworfen, abhängig von Temperatur, Luftdruck, der abnehmenden Fließgeschwindigkeit auslaufenden Wassers. Für die Anforderungen des Klosters wurde dies nach und nach ungenügend: »Die klösterlichen Wasseruhren waren technisch anfällig, notorisch unzuverlässig und schwierig zu regulieren.«[61] Die je nach Jahreszeit und den sich ändernden Rhythmen von Tag und Nacht schwankenden ›Stunden‹ entwickelten sich zu einem unerträglichen Mißstand. Etwa der morgendliche Beginn des Betens und Lesens, die Zeit des Wachens, mußte auch ohne Sonnenlicht bestimmt werden.

»Die Offizien mußten nach Mitternacht, aber vor dem Morgengrauen beginnen. Zur Ermittlung dieses Zeitpunkts achteten die Sakristane seit der Spätantike auf den Hahnenschrei und auf den gestirnten Himmel (...). Sie zählten die seit Beginn der Dunkelheit gebeteten Psalmen, ließen genau gewogene Kerzen abbrennen oder benutzten die von römischen Gerichten und Militärlagern bekannten einfachen Auslaufwasseruhren (Klepsydren).«[62]

Eine kleine Vorrichtung an den schon länger in Gebrauch befindlichen, durch ein ablaufendes Gewicht angetriebenen Räderuhren führte hier zur Unabhängigkeit von natürlichen oder zufälligen Bedingungen: die sogenannte Hemmung. Ob sie tatsächlich »im klösterlichen Bereich« entwickelt worden ist, wie Dohrn-van Rossum vermutet, bleibe dahingestellt. Jedenfalls hatte sie hier einen ersten zentralen Wirkungsbereich auf dem Weg zu einer abstrakten, von einem jenseitigen, ganz anschauungslosen Ziel in der Zukunft kontrollierten Zeitsinn. Die Hemmung definierte das Schema, nach dem die Zeit gerichtet, linearisiert und beschleunigt wurde, zur *Zeit an sich.*

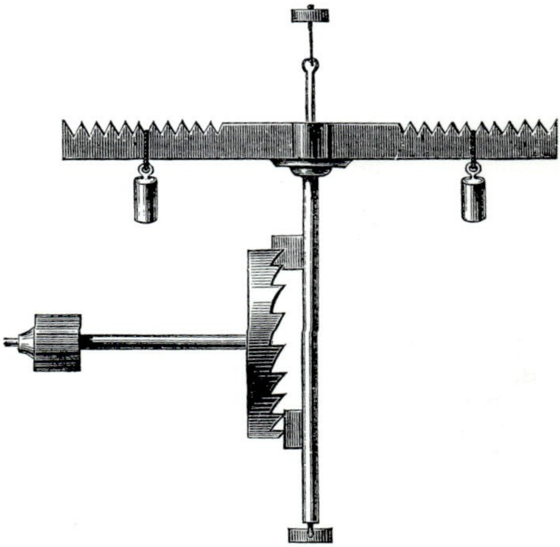

»Die Hemmung (...) verzögert oder unterbricht einen Bewegungsablauf in möglichst gleichmäßigen Abständen« – Älteste Uhrenhemmung (links) und Grahamsche Ankerhemmung (rechts). Kupferstiche, um 1887

Seit dem Ende des 13. Jhs. ist der Einbau von Hemmungen in Räderuhren bezeugt. Zunächst kamen die recht ungenauen Kronrad- und Foliot-Hemmungen zur Anwendung. Wesentliche Verbesserungen ergaben die von Jacques Besson 1569 erfundene, von Jost Bürgi im Uhrenbau realisierte sogenannte Kreuzschlaghemmung, die Stiftnockenrad-, die Anker- und Zylinderhemmungen, an deren Entwicklung Galilei beteiligt war. Eine vorerst nicht überbietbare Präzision erreichte die Zeitmessung schließlich im 17. Jh. mit Christiaan Huygens' Pendeluhr von 1657 und seiner Erfindung der Spiralfederunruh von 1674. Die technische Ausdifferenzierung dieser Systeme soll hier nicht weiter ausgeführt werden. Das Prinzip, das mit ihnen realisiert wird, ist vor allem bemerkenswert.[63] Die Hemmung, das sagt ihr Name, *verzögert* oder *unterbricht* einen Bewegungsablauf in möglichst gleichmäßigen Abständen. Sie definiert durch Größe und Abstand der Zähne im Hemm- oder Steigrad vollkommen gleiche Einschnitte in einer Bewegung, die sonst – durch ein schneller fallendes Gewicht, eine sich schwächer entspannende Feder – diskontinuierlich ablaufen würde. Sie macht den Ablauf kontinuierlich, reguliert die großen Schritte des Tages und der Nacht, indem sie viele kleine Schritte daraus macht. ›Schrittregler‹ war ein anderer Name für die Hemmung.

Das Zentrum dieser Anordnung, die leitende Idee, aus der alles weitere folgt, bildet die Kopplung der Regulation an eine immanente

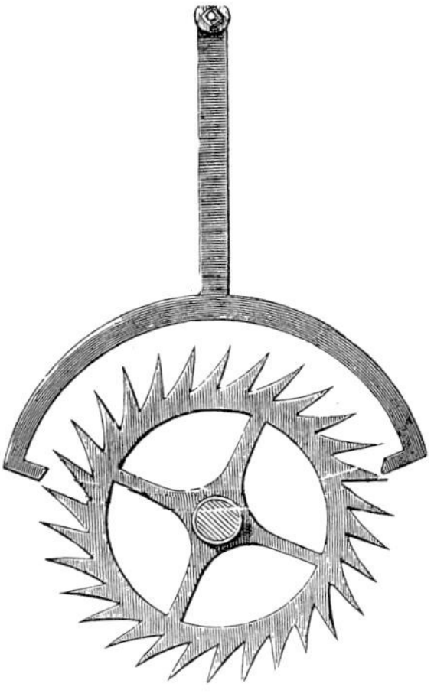

Unterbrechung, die Entgegensetzung einer Kraft gegen eine andere innerhalb eines einzigen Systems: die Selbstregulation. Die Uhrengeschichte verzeichnet den Gang in solche Selbstregulation, in die zunehmende Automation. Die Sonnenuhr – zu schweigen von den über Jahrtausende nicht minder wichtigen biologischen Kalender- und Wecksystemen, den Pflanzen- oder Vogeluhren etwa, war noch direkt an einen äußeren Rhythmus gekoppelt. Von den Wasser- über die Gewichts- zu den Federuhren wird die Kraft- oder Energieverausgabung nach innen verlegt, in ein eigenes Uhren-Gehäuse. Dies so isolierte Potential wird durch eine zweite, hemmende Kraft zur gleichmäßigen Verausgabung gezwungen, die mit einem Zwischenraum, einer Leerstelle operiert. Hierin liegt die ganze Revolution: in der Abwendung von der Abbildung einer vorgegebenen *anderen* Bewegung, in der Kontrolle der eigenen Bewegung durch die Einschaltung von Haltepunkten, Leerstellen. Sie definieren von jetzt an Raum *und* Zeit, d. h. eigentlich regulieren eine *leere* Zeit und ein *Nicht*-Raum zunehmend die anderen Zeiten und Räume. Dabei ist der Präzisierungsdruck in der Sache selbst angelegt. Die durch die Hemmung abgeschnittenen und aneinandergereihten Zeitstücke sind zunächst noch ungenau. Nur indem sie, kleiner und kleiner werdend wie die Unterbrechung selbst, tendenziell gegen Null gehen, werden Abweichungen unerheblich. Galileis Stiftnockenradhemmung dehnt sich je nach Temperatur noch mehr oder weniger stark aus oder zieht sich zusammen und ergibt so recht schwankende Zeitangaben. Bürgis Kreuzschlaghemmung ist durch die Verwendung *zweier* Hebel als ›Waag‹, die wiederum die Steigradbewegung kontrolliert, weniger anfällig. Mit Pendel und Unruh wurde schließlich eine Entdeckung Galileis von 1582 eingesetzt, die eine wirkliche Abkopplung erlaubt: daß Körper unter bestimmten Voraussetzungen in vollkommen gleichen Zeitintervallen schwingen. Erst seit Bürgi, Galilei und Huygens gab es Uhren, die auf Jahre hinaus sekundengenau blieben.

Die Sekunde spielte dabei allerdings nur in den fortschreitenden naturwissenschaftlichen Experimenten und Theorien eine Rolle. Der allgemeine Gebrauch des Wortes Sekunde ist überhaupt erst seit dem 17. Jh. bezeugt. Selbst die Minute hatte nur in astrologischen Berechnungen eine Bedeutung. Die Stunde ist der neue Zeitabschnitt, der vom 14. ins 17. Jh. das soziale Leben zu dominieren beginnt. Tag und Nacht, die bis dahin über die Verkreuzung ungleicher Rhythmen stabilisiert wurden, durch die bewegliche Zuordnung von Sonnenstand, Hahnenschrei, Essens- und Arbeitsrhythmen, werden einem weit festeren Raster unterworfen: den 24 Takten, welche die Stunde in den Umlauf der Sonne legt. Statt der Orientierung der sozialen Rhythmen an veränderbaren naturalen Phasen werden sie zunehmend an unveränderbare gebunden, zuletzt an die durch Feldkräfte definierten Schwingungsintervalle.

Dieser Uhrengang der Dinge reguliert das individuelle wie kollektive Leben zunächst von *oben*, geht von da nach *unten*, um schließlich nach *innen* zu wandern, auf eine durchaus nicht einfach metaphorisch zu verstehende Weise. ›Von oben‹ ist ganz wortwörtlich zu nehmen: Die Regulation beginnt mit der Ausrichtung der Tageszeiten nach dem Glockenschlag der Turmuhren. Eben mit dem 14. Jh. – hier wird neben der Kloster- die Stadtgeschichte immer wichtiger – werden Glocke und

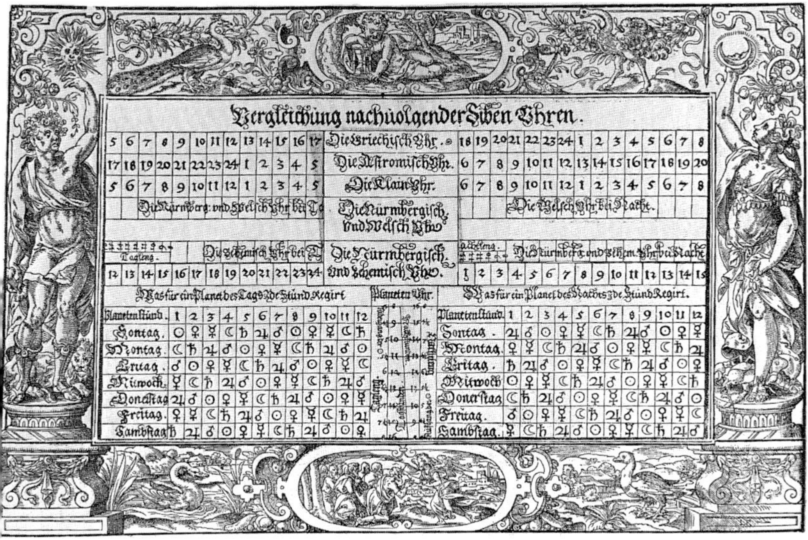

»Die Stunde ist der neue Zeitabschnitt, der vom 14. ins 17. Jh. das soziale Leben zu dominieren beginnt« – Tabelle zur »Vergleichung der verschiedenen Stundenzählungen und Angabe der die Stunden regierenden Planeten«. Stich, 1568

Uhr miteinander verkoppelt. Ein Beobachtungs- und Verabredungssystem wird durch ein stabileres technisches System abgelöst. Ausgehend von den oberitalienischen Städten werden nach und nach die Glocken der Kirchtürme, vor allem aber auch der profanen Schloß-, Rathaus- und sonstigen Stadttürme, mit großen Uhren kombiniert. Manchmal werden sie zu komplizierten Automaten ausgebaut, wie die berühmte Uhr des Straßburger Münsters.

> »Für die Zeit bis zum Ende des 15. Jahrhunderts lassen sich rund fünfhundert öffentliche Uhren meist aus kurzen Einträgen in städtischen Haushaltsrechnungen dokumentieren.«[64]

Hier, in der großen Umbruchsphase vom Hochmittelalter in das, was später die Neuzeit genannt wurde, beginnt die Rede von der »Welt als Uhr«[65]. Die Uhr beginnt das zentrale Modell für geordnete, sich selbst regelnde Prozesse überhaupt abzugeben, um schließlich, bei Descartes oder im Deismus, auch noch Gott als obersten Organisator vom Welt-

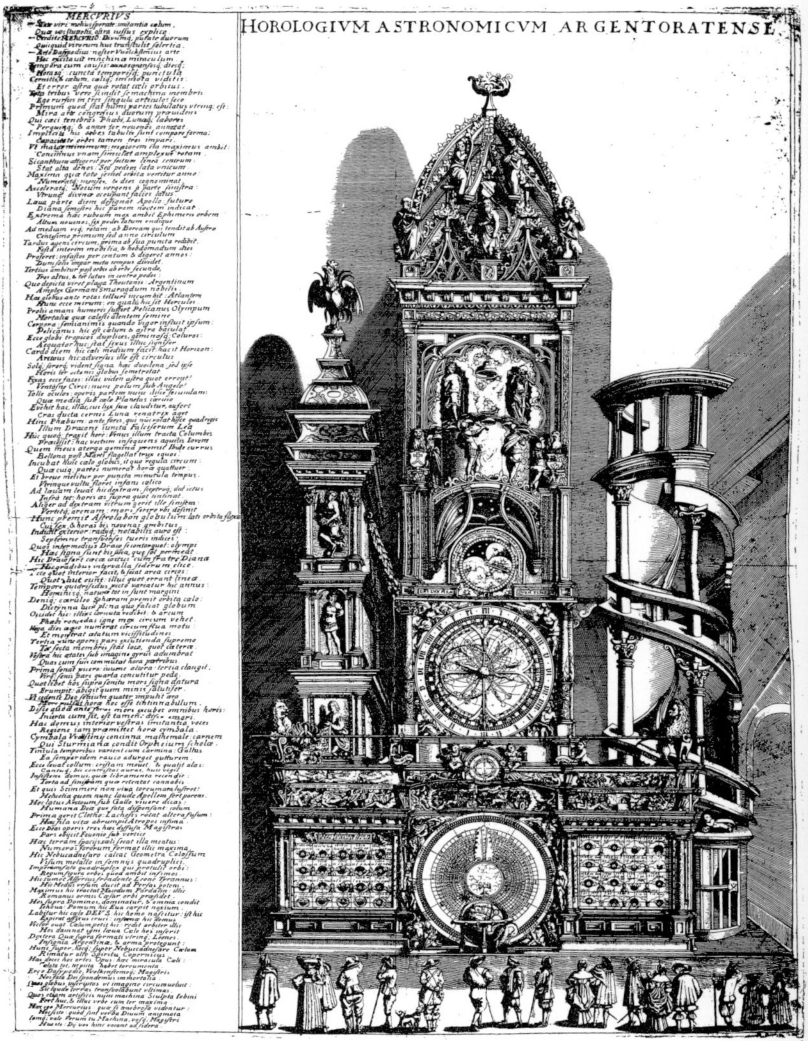

»Manchmal werden sie zu komplizierten Apparaten ausgebaut, wie die berühmte Uhr des Straßburger Münsters« – Die zweite im 16. Jh. gefertigte Uhr im Münster zu Straßburg (1574). Kupferstich von Tobias Stimmer, 17. Jh.

geschehen zu distanzieren. Die Schöpfung wird zu einer einmal gebauten und aufgezogenen Uhr. Bis zu ihrem Ende läuft sie dann auch ohne ihren Konstrukteur.

Von oben, von den Glockentürmen der Klöster und Städte, wandert die abstrakte Zeit nach unten, erzeugt sie Pünktlichkeit oder Disziplin in Amtsstuben, Verwaltungsgremien, öffentlichen Institutionen. Die wirksamste Ausbreitung erfolgt über die Erziehung. Seit dem 15. Jh. tauchen die Stundeneinteilungen der Klöster, nach denen der Unterricht in den Klosterschulen koordiniert war, auch in den städtischen Erziehungsanstalten auf, als Stundenpläne. Die gebildete Geistlichkeit, aus der sich erst allmählich, mit der Emanzipation des Bürgertums, ein eigener Lehrerstand abspaltete, dürfte auch hier der Transformator gewesen sein. Die kirchlichen Zeiten, der Unterricht und die sonstigen Abläufe im städtischen Leben wurden aufeinander abgestimmt, synchronisiert.

> »Eine gewisse Koordination der Schulzeit mit der übrigen städtischen Zeitordnung war notwendig, weil die Lehrer vielfach auch Küsterdienste zu versehen hatten, und die Schüler bei Gottesdiensten und Beerdigungen, die ebenfalls zeitlich fixiert wurden, singen mußten.«[66]

Die seit dem 15. Jh. auf Abbildungen von Gelehrtenstuben häufig zu findenden Sanduhren sieht Dohrn-van Rossum als direkten Hinweis auf einen anwachsenden Zeitdruck, der durch die Vermehrung der Wissensbestände entstanden sei. Immer mehr Lehrstoff sei schließlich nur durch strikt organisierte Lehr- und Lern*pläne* zu bewältigen gewesen. Das Prinzip, immer mehr und sehr verschiedene Prozesse nur durch die Zuordnung zu einem abstrakten, für alle und alles gültigen Raster unter Kontrolle zu bekommen, wird mit der Uhr immer neu materialisiert. Ihre Technik, die Funktionsweise ihrer Elemente produziert und fixiert selbst das Raster, das dem sozialen Leben seit dem Hochmittelalter übergeworfen wird: eine gerade Linie in die Zukunft, die immer feiner unterteilt, immer anwesend, Bewegungen und Verhaltensweisen einrichtete. Zu Beginn des 16. Jhs. arbeitet der Nürnberger Uhrmacher Peter Henlein ein kleines Uhrwerk in eine Art Kugel aus Metall, die überallhin mitgenommen werden kann. Die Turmuhr, die Rathausuhr, die Stubenuhr, die Taschenuhr werfen ein Netz über den Alltag, an das sich die Menschen halten müssen, wollen sie erfolgreich handeln. Damit das wirklich funktioniert, muß die Uhr von außen nach innen wandern, in den Körper selbst. Den Einteilungen der Uhr muß etwas im Körper korrespondieren, eine Einstellung, die ihm Bewegung oder Stillstand zur richtigen Zeit ermöglicht.

1987 publizierte ein sprachgelähmter, schwer spastisch behinderter junger Engländer einen Roman mit dem Titel »Unter dem Auge der Uhr«. Der Autor Christopher Nolan beschreibt darin seine eigene Lebensgeschichte, nämlich wie es ihm gelingt, seinen Körper mit den wilden Zuckungen, »blitzschnell einsetzende, zerstörerische Stromstöße«[67], in die Gewalt zu bekommen. So kann er auf eine ganz normale Schule gehen, wo er ›unter dem Auge der Uhr‹, d.h. der Schuluhr, die ihm die erste Regulierungshilfe gibt, schließlich sogar schreiben lernt. Für ihn heißt das im wesentlichen, einen am Kopf befestigten Stift zum richtigen Zeitpunkt auf die Tastatur eines Computers zu drücken.

> »Hände, die *ungewollt* allem und jedem in seiner Nähe einen unseligen Schlag verpassen konnten, wurden steif und zögerlich, sobald er einen Gehirnimpuls zu ihnen entsandte. Auch wenn er versuchte, mit einer schnellen Seitwärtsdrehung des Kinns die Drucktaste seines Computers zu betätigen, war die Mühe, die es ihn kostete, übertrieben groß – sein ganzer Körper mußte sich auf eine Bewegung einstellen, die doch in nichts als einer leichten Drehung des Kopfes bestand. Als ob diese Anstrengung immer noch nicht groß genug gewesen wäre, sah er sich einer anderen grausamen Gefahr ausgeliefert. Nie konnte er den genauen Augenblick festlegen, in dem er mit dem Kopf rucken mußte.«[68]

In Kurzform vollzieht Nolan hier die Zivilisationsgeschichte der Gattung, ihre Disziplinierung durch die Zeit, am eigenen Leibe. Unter ungeheurer Anstrengung gelingt es ihm schließlich sogar, sich, wie er es nennt, zu »erden«, und damit ein »ganz eigenständiger Schriftsteller«[69] zu werden: die Zeit und die Buchstaben zusammenzubringen.

Zeitökonomien

»Remember that Time is Money«
Benjamin Franklin

Norbert Elias hat den abendländischen Zivilisationsprozeß als Transformation von äußerer in innere Gewalt beschrieben, als Umwandlung von Fremdzwängen in Selbstzwänge. Die Entwicklung von der Naturalwirtschaft zur Geldwirtschaft, die, von den oberitalienischen Städten ausgehend, ein globales Handelsnetz spannte, effektivere Produktionsmethoden initiierte, Kapitalien anhäufte und so die Voraussetzungen für die Industrialisierung schuf, war nur unter einer Bedingung möglich: der Synchronisation der Handlungen. Nur wenn die einzelnen Tätigkeiten aufeinander abgestimmt wurden, konnten sie als Elemente einer Kette funktionieren, welche Räume und Zeiten immer effektiver verspannte.

> »Von der abendländischen Gesellschaft aus hat sich ein Interdependenzgeflecht entwickelt, das nicht nur die Meere weiter umspannt als irgendein anderes in der Vergangenheit, sondern darüber hinaus auch mächtige Binnenlandsgebiete bis zum letzten Ackerwinkel. Dem entspricht die Notwendigkeit einer Bestimmung des Verhaltens von Menschen über so weite Räume hin und eine Voraussicht über so weite Handlungsketten wie noch nie zuvor. Und entsprechend stark ist auch die Selbstbeherrschung, entsprechend beständig der Zwang, die Affektdämpfung und Triebregelung, die das Leben in den Zentren dieses Verflechtungsnetzes notwendig macht.«[70]

Um die großen Räume und die langen Zeiten überhaupt herzustellen, in denen die vielen investierten Tätigkeiten Nutzen bringen sollten, mußten möglichst allen gemeinsame Maße gefunden werden. Der gesamte, unendlich komplexe Kommunikationsprozeß, in den die europäischen Regionen, Gruppen, Gesellschaften mit dem Beginn der Neuzeit treten, ließe sich auch als Anpassung von Maßen, Gewichten, Münz- oder Geldsorten, kurz gesagt als Normierungsprozeß, beschreiben, der die unterschiedlichsten Berechnungssysteme einem gemeinsamen Raster einzufügen sucht. Das allgemeinste, von allen unabhän-

»... entsprechend beständig der Zwang, die Affektdämpfung und Triebregelung« – »Chronos beschneidet Amors Flügel«. Stich, 1567

gige Raster schien die Zeit zu liefern, die ganz abstrakte, in Zahlen ausdrückbare Zeit, das, was Newton als Vollender einer langen physikalischen Diskussion schließlich »tempus absolutum«, die absolute Zeit, nennen kann. Mit dem Einbau der Hemmung war die Uhr präzis geworden, d. h. auch immer und überall vergleichbar, von allen überprüfbar. Damit diese Kontrolle nun aber auch wirksam werden, sich durchsetzen, ausbreiten, fortsetzen konnte, mußte sie *anerkannt* werden. Nicht bloß einmal, sondern immer wieder, selbstverständlich, automatisch. Die inneren Regungen und Wünsche, die Triebe, die auf unmittelbare, sofortige Befriedigung drängten, mußten zurückgehalten werden, mit den anderen, äußeren Zeittakten in Einklang gebracht werden. So liest sich Norbert Elias' Zivilisationstheorie wie eine Applikation der Uhrmacherkunst auf die Produktion leistungsfähiger Menschenleiber, als Anwendung eines mechanischen Tricks auf soziales Verhalten, so als wären ›Hemmungen‹ in den Körper eingebaut worden.

»Der ›Trend‹ der Zivilisationsbewegung ist überall der gleiche. Immer drängt die Veränderung zu einer mehr oder weniger automatischen Selbstüberwachung, zur Unterordnung kurzfristiger Regungen unter das Gebot einer gewohnheitsmäßigen Langsicht, zur Ausbildung einer differenzierteren und festeren ›Über-ich‹-Apparatur. Und gleich ist auch (...) die Art, wie diese Notwendigkeit, augenblickliche Affekte fernerliegenden Zwecken unterzuordnen, sich ausbreitet: Überall werden zunächst kleinere Spitzenschichten, dann immer breitere Schichten der abendländischen Gesellschaft von ihr erfaßt.«[71]

Tatsächlich ist die skizzierte Bewegung, das Einwandern der abstrakten Zeit in den Organismus, gar nicht metaphorisch zu verstehen. Zunächst hat ja bereits jeder Organismus seine *eigene* Zeit, d.h. Rhythmen, regelmäßige Abläufe, interne Kontrollen des Stoffwechsels, des Auf- oder Abbaus der Zellen, ohne die eine Kooperation der Körperteile zu koordinierten Bewegungen gar nicht möglich wäre. Diese ›inneren Uhren‹ sind in der Physiologie und Neurobiologie gegenwärtig bereits gut erforscht. So gelten rhythmische Prozesse der Großhirnrinde, der sogenannte Alpha-Rhythmus, der mit dem Elektroenzephalogramm gemessen werden kann, und der sogenannte Theta-Rhythmus, im stammesgeschichtlich ältesten Teil des Großhirns, dem limbischen System, als wahrscheinliche interne Zeit*geber* für die vegetativen Funktionen, die den Grundtakt für die anderen Austauschprozesse abgeben. Als Zeit*zähler,* welche die Dauer solcher Prozesse kontrollieren und aufeinander abstimmen, gelten Neuronennetze in einem Teil des Zwischenhirns, dem Hypothalamus.

»Sie sind auch für die Synchronisation der inneren, langsamen biologischen Rhythmen mit dem Tagesrhythmus verantwortlich. Für die direkte Zeitwahrnehmung, die Erfahrung von Dauer und die Wahrnehmung von Rhythmus vermute ich die zeitmessenden ›Zähler‹ in Neuronennetzen der Sprachregion der dominanten Großhirnrinde.«[72]

Genau hier nun öffnen sich Möglichkeiten der Kommunikation zwischen äußeren und inneren Zeiten, der Abstimmung von individuellem und sozialem Haushalt der Kräfte. Der große Hauptrhythmus jedes Organismus, der Wechsel von Aktivität und Passivität, Schlafen und Wachen, diese sogenannte circadiane Uhr – von lateinisch *circa* (ungefähr) und *dies* (Tag) – läuft nämlich nach keinem unveränderbaren Takt. Vielmehr muß er wie bei einem ungenau gehenden Wecker im wörtlichen Sinn tagtäglich nachgestellt werden.

> »Circadiane Uhren wurden zuerst an Pflanzen und Tieren nachgewiesen. Wir wissen heute, daß nahezu alle Lebewesen bis hinunter zu den im Meer lebenden Einzellern solche Zeitmeßgeräte besitzen. Sie haben die Eigenschaften selbsterregter Schwingungen im technischen Sinne; wir sprechen deshalb auch von circadianen Oszillatoren. Im Laboratorium, unter künstlich konstanten Bedingungen, schwingen diese Oszillatoren, je nach Tier- oder Pflanzenart, entweder etwas zu schnell oder, wie beim Menschen, etwas zu langsam – sie sind mit der Umwelt ›außer Tritt‹. Zum Messen der äußeren Zeit kann der Organismus die circadiane Uhr nur dann sinnvoll verwenden, wenn ihr Gang täglich so korrigiert wird, daß die Periode genau 24 Stunden beträgt und daß eine feste Phasenbeziehung besteht zum Tag-Nacht-Wechsel. Diese Synchronisation erfolgt durch periodische Faktoren der Umwelt, die sogenannten Zeitgeber. Für Pflanzen und Tiere ist der natürliche Licht-Dunkel-Wechsel der wichtigste Zeitgeber. Für die Synchronisation der menschlichen circadianen Uhr *spielen soziale Signale aus der Umwelt eine entscheidende Rolle* (Hervorhebung: Gendolla).«[73]

Es ist wohl diese ›Schnittstelle‹ zwischen Einzelkörper und gesellschaftlicher Institution, die jene Transformationsprozesse erlaubt hat und weiter erlaubt, die Elias als Erhöhung von »innerem Druck«[74] und äußerem »Tempo«[75] beschrieben hat, die der »Zwang zur Langsicht«[76], zur weitreichenden Planung auf allen Ebenen mit sich brachte. Es geht dabei noch nicht um die Verstellung der vegetativen Rhythmen und Zyklen, von Herzschlag und Stoffwechsel bis zum weiblichen Menstruationszyklus, obwohl es in der Folge selbst hier der Medizintechnologie mit Herz*schrittmachern* und Ovulations*hemmern* gelang, äußere Regulatoren dem Körper zu implantieren. Das alte Funktionsprinzip, mit dem die Uhren präzis gemacht wurden – die Hemmung von unregelmäßigen Abläufen durch Entgegensetzung oder Einschaltung definierter Unterbrechungen –, wird, da gegenwärtig nur immer perfekter, auch in mikroskopischen Dimensionen angewandt. Von der

Ausbreitung der abstrakten Zeit in solche Mikro- wie ebenso Makroräume wird noch die Rede sein.

Zunächst, vom 14. ins 18. Jh., geht es um die Veränderung der großen Lebens- und Arbeitsrhythmen, der Perioden, in denen gewacht und geschlafen, gearbeitet, gegessen, verhandelt, geliebt und gelernt wurde. Hier gibt es die entscheidenden Disziplinierungsschübe, die mit der Umwandlung der agrarischen in die manufakturiellen und schließlich industriellen Gesellschaften einhergingen.

Nachdem die Uhren genau geworden sind, können auch die Arbeitszeiten exakter definiert werden, können und müssen Verabredungen eingehalten, Geschäfte präzis terminiert, Zeitpläne für alles und jedes aufgestellt werden. Ein Mittel, das jahrhundertelang *neben* anderen Mitteln dazu gedient hatte, Waren zu tauschen, wurde allmählich zum *ausgezeichneten* Tauschmittel, das Geld. Mehr und mehr mißt es nicht von Kultur zu Kultur variierende Werte, Naturalien, Böden, bewegliche Güter. Auf der Suche nach dem Raster, auf das tendenziell alle Güter bezogen, nach dem sie verglichen, verhandelt, getauscht werden könnten, wird das Geld zum Maß für die in etwas investierte Zeit, Herstellungszeit, Transportzeit, Abnutzungszeit. Nach der Uhr, die den Zeittakt *gibt,* wird das Geld zu dem Ding, das sie *zählt* und aufbewahrt, damit sie getauscht werden kann. Geld wird »gespeicherte Zeit«[77]. Die drei wichtigsten Funktionen des Geldes – daß es Werte mißt, tauscht und speichert – lassen sich in einer einzigen zusammenfassen: Es hält die Zeit fest. Die verrinnende, flüchtige Zeit, die mit den Uhren ja nicht zu beeinflussen ist, nur sichtbar gemacht wird, als immer verschwindende, unaufhaltsame Bewegung, mit dem Geld wird sie in ein Stück Metall gepreßt, in ein Papier geschrieben, zu einer Summe gemacht, die bearbeitet werden kann. Mit dem von allen als abstrakter Wertmesser anerkannten Geld scheint ein Mittel gefunden zu sein, das gegen die Ungewißheiten, die plötzlichen Änderungen, gegen Unfälle und Katastrophen zu helfen verspricht: die flüssige, ungreifbare Zeit erstarren läßt, in berechenbare Zahlen verwandelt. Das Geld selbst wird so auch in Kooperation mit der Uhr und dem Kalender zum wichtigsten jener ›sozialen Signale‹, die die inneren Uhren einzustellen erlauben, das die individuellen Aktivitäten als soziale koordiniert. Nur weil es auf sofortige Befriedigung drängende Triebansprüche aufzuheben und zu verschieben vermag, eine größere, intensivere Befriedigung in der

Zukunft verspricht, kann sich jenes langfristige Wirtschaften der modernen Gesellschaften entwickeln, welches nach und nach die alten Subsistenzökonomien ablöst. Das Geld wird zu der zwischen innen und außen oszillierenden ›Hemmung‹, zu jenem Schalter, der die Wünsche einstellt, der den kurzfristigen in einen langfristigen Triebhaushalt verwandelt, so daß er den sozialen Haushalt speisen und fortzutreiben vermag.

Daß es sich beim Geld um eine besondere Materialisierung von Zeit handelt, wird nirgends deutlicher als in der Auseinandersetzung um den Zins, der ja nichts anderes darstellt als den durchaus erfolgreichen Versuch, die *Dauer* der Geldzirkulation zu bewerten, d. h. Zeit direkt in Geld umzuformulieren. Für das Mittelalter, für die Theologen, welche die öffentliche Moral zu vertreten hatten, war das Zinsnehmen wie überhaupt der Handel mit Geld im Grunde eine Sünde, der Zins nichts als Wucher. Diese Einschätzung verschärft sich noch in dem Maße, wie die neuen Wirtschaftsformen sich durchsetzen und den Geldhandel in immer größerem Umfang nötig machen.

> »Im 15. Jahrhundert, als der Wucher in Florenz einen beispiellosen Umfang erreichte, trat der Erzbischof Antoninus gegen ihn mit größerem Eifer und mit mehr Unversöhnlichkeit auf als seine Vorgänger, die Theologen des 13. und 14. Jahrhunderts. Die Vermehrung der Gelder mittels Wucher scheint irgendwie wunderbar, schrieb er, doch in Wirklichkeit hat der Teufel seine Hände im Spiel. (...) Die Kirche beschränkte sich jedoch nicht nur auf Verurteilungen der Wucherer und den Kirchenbann; im 13. Jahrhundert wurde gelegentlich mit Wucherern in der Weise abgerechnet, daß man gegen sie Gerichtsprozesse organisierte.«[78]

So mußten die neuen Bankherren Umwege erfinden, das Tabu, das mit dem Geldgewinn verbunden war, zu umgehen.

> »Da eine beliebige Zulage, die über die geliehene Summe hinausging, als Gewinn galt, (...) mußte man zu jeglicher Art von List greifen, mit Hilfe deren die Wucherprozente getarnt werden konnten. Eine der am weitesten verbreiteten Methoden (...) war der Austausch mittels Wechsels, der in einer anderen Stadt oder einem anderen Land (...) und folglich in anderer Valuta

> eingelöst werden konnte. (...) denn der Geldaustausch oder der Kauf und Verkauf ausländischer Valuta unterlag nicht der kirchlichen Verurteilung.«[79]

So fördert die Kirche ungewollt, was sie gerade verhindern will: die Ausdehnung der Geldgeschäfte, die Aushöhlung der tradierten Bewertungen durch die neuen, die mit der Zeit rechnen. Was immer umfangreicher getauscht wird, muß immer besser auf einen gemeinsamen Nenner bezogen werden. Die sich ausdehnenden Wege, auf denen das Geld und die Waren zirkulieren, werden mehr und mehr danach gemessen, welche Zeit sie dafür brauchen.

Die Person, in der sich der ›Zwang zur Langsicht‹ am deutlichsten ausprägt, Inkarnation des Kalküls mit der Zeit, ist natürlich der Kaufmann, der Händler, der beste Kenner des Geldwesens. Entsprechend gut muß er alles beherrschen, was mit der Zeit zusammenhängt, d. h. zunächst vor allem all die verschiedenen Zeiten kennen, die es auf der Welt gibt.

> »Denn ohne die Beobachtungen der Zeiten, werden große Unklarheiten und Irrtümer in den Handlungen der Menschen, in religiösen Dingen wie in der bürgerlichen Regierung auftreten, wo Kaufleute (im Hinblick auf ihren Handel und ihre Geschäfte) die Verfügung und die Verwaltung über den Reichtum der Königreiche und Gemeinwesen innehaben. Deshalb sollen sie die Jahre, Monate, Wochen, Tage und manchmal auch die Stunden ihrer Verhandlungen beobachten, (und außerdem:) den Lauf des Mondes, das Fallen und Steigen der Meere, die Wechsel der Winde und Änderungen des Wetters, die Stürme auf den Meeren, die ungünstigen Perioden auf dem Lande, durch die Ernten ausfallen und Güter reichlich oder knapp werden und deren Preise teuer oder billig; (dies zusammen) mit vielen anderen Dingen, die beim Kauf und Verkauf von Gütern und beim Geben oder Nehmen von Geldern vorfallen.«[80]

Das schreibt Malynes 1622 in seiner »Lex Mercatoria«, eines der vielen Handbücher für Kaufleute, in denen Überlegungen und Ratschläge zum Umgang mit der Zeit »eine überraschend prominente Rolle spielen« (Dohrn-van-Rossum). Unter der Vorgabe, die eigentlich Gott gehörige, von ihm nur ausgeliehene Zeit zu seinem Ruhme zu nutzen,

Die Zeit, vom Menschen »entwendet, säkularisiert, kapitalisiert«, siegt – Der »Triumph der Zeit«, die alles verbraucht, zerstört, was sie hervorgebracht hat. Kupferstich (eventuell nach Peter Brueghel d. Ä.), 1574

quod præpete secum
non rapta relinquens.

Pone subit, cunctis rebus Fama vna superstes,
Gætulo boue vecta, implens clangoribus orbem.

wird sie ihm tatsächlich entwendet, säkularisiert, kapitalisiert. Dieser Kampf um die Zeit, der am frühesten mit einer immensen Anstrengung von den puritanischen Kaufleuten Englands geführt worden ist, ist spätestens seit Max Webers Beiträgen zur »protestantischen Ethik« umfassend dokumentiert und diskutiert worden.

> »Ein Eckpfeiler dieses Lebensideals ist die moralische Pflicht zu rastloser Aktivität, rastloser Arbeit als einem Zweck an sich. Das irdische Dasein soll zur Verfolgung eines spirituellen Zwecks einem rationalen Kalkül und strenger Selbstdisziplin unterworfen werden.«[81]

Auf einem ersten Höhepunkt dieser Auseinandersetzung, welche die Zeit zwar immer langfristiger plant, aber zugleich immer knapper macht, finden sich »eine ganze Reihe von Tagebüchern überliefert, deren Autoren sich unter Angabe der Uhrzeit Rechenschaft über ihren Tageslauf geben. Tagebuchführung wird ganz offenbar Mode, und 1712 empfiehlt der Spectator die Führung von Tagebüchern, damit die Leute sich der ungeheuren Zeitverschwendung in ihrem alltäglichen Dasein bewußt werden.«[82]

In der Autobiographie Benjamin Franklins, des Erfinders der Gleichung von Zeit und Geld, ist folgende Eintragung zu lesen:

> »Ich machte mir ein kleines Buch, worin ich jeder der Tugenden eine Seite anwies, linierte jede Seite mit roter Tinte, so daß sie sieben Felder hatte, für jeden Tag der Woche eines (...) um durch ein schwarzes Kreuzchen jeden Fehler anzumerken, den ich mir, nach genauer Prüfung meinerseits, an jenem Tag habe zu schulden kommen lassen. (...) Da die Vorschrift der Ordnung verlangte, daß jeder Teil meines Geschäftes seine zugewiesene Zeit habe, so enthielt eine Seite in meinem Büchlein einen Stundenplan für die Verwendung der 24 Stunden des natürlichen Tages.«[83]

Aus dem Ort, wo sich die Linien kreuzen, um den heiligen Bezirk zu fixieren, den Tempel, an dem die Kommunikation der profanen mit der sakralen Zeit möglich war, aus dem dann das Kreuz des Christentums mutierte, die Opferstelle, die Gott und Menschen wieder zusammenbrachte, ist ein schwarzes Kreuzchen im Tagebuch geworden. Immer noch hält es eine gewisse Assoziation zum Jenseits aufrecht, das ist sogar seine Rechtfertigung: Die von Gott gegebene knappe Zeit ist an dieser Stelle nicht oder falsch genutzt worden. Aber eben diese Sünde, dieser ›Fehler‹ ist keine Abweichung von den Geboten mehr im tradierten Sinne wie Diebstahl oder sexuelle Ausschweifung, die durch Gebet, Reue, meditative Einkehr gesühnt werden könnten. Im Gegenteil: das Kreuzchen bezeichnet die wenigen Zeitstellen einer ständigen Aktivität, die offenbar noch nicht ganz besetzt werden konnten, wo Geschäfte und ›zugewiesene Zeit‹ noch nicht übereinstimmten. Ist dies einmal der Fall, der Tag vollständig durchgeregelt, so werden die Kreuzchen verschwunden sein. Damit ist auch die Assoziation, der letzte Kontakt zu jener anderen Zeit entfernt, auch wenn er nur noch negativ bestanden hatte. Für den Eingriff einer jenseitigen Kraft ist keine Stelle mehr vorgesehen, alle 24 Stunden sind mit eigenen Kräften besetzt.

Beschleunigungen

»... *rapidité, rapidité!*«
Jacques Tati

Die innere, circadiane Uhr würde ohne beständiges Nachstellen von außen den meisten Menschen einen Schlaf-Wach-Rhythmus von etwa 25 Stunden vorgeben. Bei manchen wäre er noch weit langsamer, Perioden von 33 Stunden und mehr sind gemessen worden.

> »Wir hatten einmal einen jungen Techniker in der Kammer, der nach wenigen Tagen einen 50stündigen Schlaf-Wach-Rhythmus entwickelte: er war im Durchschnitt 33 Stunden wach, ohne einen Mittagsschlaf einzulegen, und er schlief 17 Stunden lang ohne wesentliche Unterbrechungen.«[84]

Eine primäre Beschleunigung, die dem Organismus überhaupt erst das Überleben ermöglicht, erfuhr er durch die Anpassung an die 24 Stunden des Sonnenumlaufs, der nicht umsonst ein zentrales Schema mythischer Erzählungen abgibt und die Sonne zu einer Hauptgottheit der frühen Kulturen gemacht hat. Für einige Jahrtausende hat dieser Grundrhythmus auch die sozialen Prozesse geregelt, begrenzte das Tageslicht die Zeiten für Arbeit, Handel und Krieg.

›Wesentliche Unterbrechungen‹ erfuhr dieser Rhythmus allerdings durch Entwicklungen weniger Jahrhunderte, die immer neue Schübe von etwas auslösten, was man ›sekundäre Beschleunigungen‹ nennen könnte. Manchmal winzige, aber geniale Ideen, in eine technische Anordnung umgesetzt – wie die Hemmung, die nur eine kleine ›leere‹ Zeit in die Bewegungen einfügt –, können jenes Set sozialer Signale entscheidend umgruppieren, das die menschlichen Aktivitäten reguliert. Die kleine Unterbrechung, die die Uhren genauer und universell vergleichbar macht, lanciert die Vorstellung einer von allen Dingen und Bewegungen unabhängigen, *absoluten* Zeit, entleert sie mehr und mehr von allen konkreten Bedingungen, so daß sie schließlich zur selbst nicht weiter ableitbaren Voraussetzung aller materiellen Bewegungen avanciert.

Zunächst unter dem Schutz der Kirche, dann in heftiger Fehde mit ihr, schließlich ohne sie entwickeln die mit genaueren Instrumenten ausgestatteten neuen Wissenschaften der Natur diese Zeitvorstellung, beginnt eine objektive, physikalische Zeit sich von den anderen abzuspalten und als einzige intersubjektive Überprüfbarkeit zu beanspruchen.

Mit ihren Quadranten und den neuen Uhren messen die Astronomen im 15. Jh. die Sternbewegungen und stellen gravierende Unstimmigkeiten zu den geläufigen Kalendern fest. Bereits 1417 wird dem Konstanzer Konzil von Kardinal Pierre d'Ailly eine »Ermahnung zur Kalenderkorrektur« vorgetragen. Nachfolgende Konzilien versuchen wiederholt, solche Reformen einzuleiten, die jedoch vertagt werden müssen: Die Astronomen waren nicht in der Lage, die exakte Beziehung zwischen Sonnenjahr und Mondmonat anzugeben.

> »Daran erinnert Nikolaus Kopernikus, Domherr in Frauenburg, 1543 den Papst und machte sich an eine ›genauere Zeitrechnung, wie sie bei der Berechnung von Himmelsbewegungen nötig ist‹. Die neu entdeckte Gesetzmäßigkeit der Planetenbewegungen überholte alle Mutmaßungen der Zeitrechner. (...) Reformfreudige Päpste riskierten erst dann eine Entscheidung, als sich die kopernikanische Überzeugung vom regelmäßigen

»Die neu entdeckte Gesetzmäßigkeit der Planetenbewegungen überholte alle Mutmaßungen der Zeitrechner« – Der dänische Astronom Tycho Brahe (1564–1601) beobachtet in seiner Sternwarte Uranienborg auf der Insel Ven im Sund Sterne und Planeten (noch ohne Fernrohr). Kupferstich, 1587

Gang der Weltmaschine verbreitete. Papst Gregor XIII. wagte 1582 die ›Gregorianische Kalenderreform‹, die heute noch gilt.«[85]

Dieser Schritt ins Kopernikanische Zeitalter bedeutet nichts weniger als die Anerkennung jener *gezählten* Zeit als alle diesseitigen Bewegungen bestimmende Zeitdimension. Es bedeutet noch längst nicht die Anerkennung der Konsequenzen, die sich aus Kopernikus' Beobachtungen ergeben, der fatalen Umkehrung des Weltbilds. Noch 1616 dekretierte die Kirche diese Lehren des Kopernikus als falsch und zwang etwa Galilei, um nur den berüchtigtsten Fall zu nennen, von seiner Verteidigung der neuen Ordnung abzulassen. Dieser hatte mit seiner Entdeckung der Pendelgesetze im Jahre 1582, seinen – mit noch keineswegs sehr präzis gehenden Uhren gemachten – Beobachtungen fallender Körper die wohl weitreichendsten Theorien zum neuen physikalischen Zeitbegriff gebildet: daß ein störungsfrei schwingendes Pendel seinen Weg in immer der gleichen Zeit zurücklegt, daß eine auf alle Körper gleichmäßig wirkende Kraft unter gleichen Bedingungen sie auch zu gleichen Bewegungen zwingt, zur Parabel etwa.

»Sein Nachweis der Parabel, die ein Geschoß im luftleeren Raum beschreibt, gilt als das erste klare Beispiel der Methoden der modernen Physik.«[86]

Eben in Galileis jahrzehntelangen Experimenten und Spekulationen sieht Norbert Elias den Beginn des Auseinanderdriftens der Zeitbegriffe.

»Galileis innovatorische Vorstellungskraft brachte ihn dazu, die Funktion des alten Instruments (der Klepsydra; Gendolla) zu verändern, indem er es systematisch als Maßstab nicht für den Ablauf sozialer, sondern für den ›natürlicher‹ Ereignisse benutzte. Auf diese Weise begann ein neuer ›Zeit‹begriff, der Begriff der ›physikalischen Zeit‹, von dem älteren, vergleichsweise einheitlicheren menschenzentrierten Begriff abzuzweigen. Dieser Schritt war verbunden mit einer entsprechenden Wandlung des Naturbegriffs. Zunehmend gewann die ›Natur‹ in den Augen der Menschen den Charakter eines autonomen, mechanischen Geschehenszusammenhangs«[87].

Nur die Summe eines immensen Rationalisierungsschubs zieht schließlich Newton, wenn er in den »Mathematischen Prinzipien der Naturlehre« (1687) definiert:

> »Die absolute, wahre und mathematische Zeit verfließt an sich und vermöge ihrer Natur gleichförmig und ohne Beziehung auf irgendeinen äußeren Gegenstand. Sie wird auch mit dem Namen ›Dauer‹ belegt.«[88]

Mit der wohlbegründeten Intention, die wissenschaftlichen Forschungen und technischen Anwendungen endlich von klerikalen Irrtümern und falschen Vorschriften zu befreien, wird hier zugleich mit aller Radikalität die »Zeitschere« zwischen »Lebenszeit und Weltzeit« geöffnet, wie Hans Blumenberg formuliert hat, führt hier die Differenz von konkreter und abstrakter Zeit zu jenem Spannungsfeld oder

»Unter dem Auge der Uhr« – Kontrolle der Arbeitszeit. Reklame der Normal-Zeit GmbH, 1922

Konfliktpotential, das alle Aktivitäten immer ausgreifender auf eine Zukunft ausrichtet – wie der Magnet die Eisenspäne auf sich zentriert.[89] Vorbereitet war das in der asketischen Lebensweise des Klosters, aber eben nur vorbereitet. Was diese zwar durchgeregelte, doch immer noch meditative und statische Lebensweise von den neuen, durch expandierende Geldwirtschaft, Naturwissenschaft, technische Inventionen eröffneten Formen unterscheidet, ist die Dynamik, die erhöhte Geschwindigkeit, mit der sie sich entwickelt. Das psychische Konfliktpotential, das mit der Ausbreitung der Geldwirtschaft gespannt wird, das alle Beteiligten in die abstrakte Unruhe des Gelderwerbs zwingt, ist bereits beschrieben worden. Die neue Physik der Galilei, Kepler, Newton scheint rein naturgegebene Potentiale zu berechnen, Bewegungsursachen, Gravitations-, Reibungs- oder Stoßkräfte, welche die Körper nach unveränderlichen Gesetzen beeinflussen. Tatsächlich öffnet sie damit aber eine Bahn, biegt sie die ins Jenseits weisende Linie der Zeit auf die Erde zurück, wo die Dinge mit immer besser bekannten Naturkräften immer präziser und damit geschwinder bewegt werden können. Die Immanenz, die Abwehr metaphysischer Konditionen setzt eben auch ganz immanente Beschleunigungskräfte frei. Die natürlichen Energieformen, -vorkommen, -verfügbarkeiten werden analysiert, eine immense Phantasie investiert, sie in technische Wirklichkeit umzusetzen: Maschinen, die die bisherigen mühseligen Arbeiten von Tier und Mensch in Bruchteilen der bisher benötigten Zeit verrichten. Die ›Newton-Zeit‹ ist die Zeit der Transformation des Handwerks in Manufaktur und Industrie, die Zeit der Maschinisierung der Produktionsprozesse. Das 18. Jh., das Jahrhundert der Aufklärung, der Ablösung feudal-klerikaler Herrschaftsformen, ist mit gleichem Recht das Jahrhundert der Maschinen genannt worden.

Ihre Geschichte, in der immer neue Erfindungen die Produktionsweisen revolutionieren, ist bereits gut beschrieben worden, sie soll hier nicht umfangreich wiederholt werden.[90] Von de Vaucansons Erfindung einer Art automatischer Steuerung für Webstühle um 1740 zu Jacquards vollautomatischer Steuerung (1801–08), die einen ganzen Berufsstand überflüssig machte; von den Versuchen mit ›tierischem Magnetismus‹ zu Voltas Konstruktion galvanischer Elemente 1799; von Papins Dampfdruckexperimenten (1679/80–90) zu James Watts Dampfmaschine von 1765 (Patent 1769): die aufgrund dieser Ent-

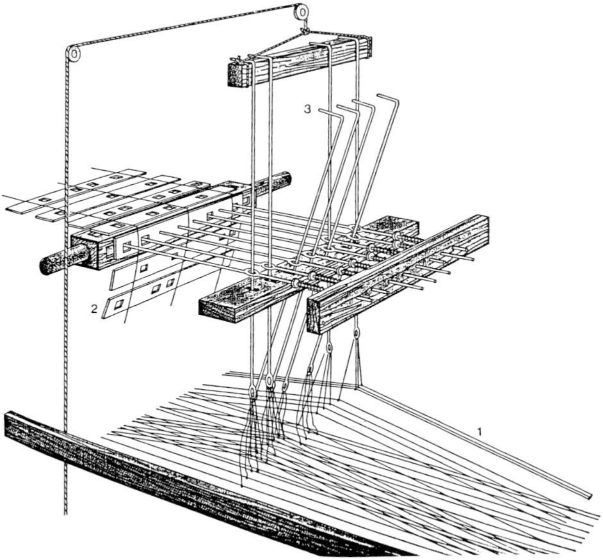

»... zu Jacquards vollautomatischer Steuerung (1801–08), die einen ganzen Berufsstand überflüssig machte« – Prinzip des lochkartengesteuerten Webstuhls von J. M. Jacquard

deckungen konstruierten Maschinen oder Maschinenkombinationen sind auch immer Zeit*verkürzungs*apparate. Sie entlasten im ersten Schritt vom immensen ökonomischen und sozialen Druck, immer mehr zu produzieren, erhöhen das allgemeine Niveau der Herstellungsgeschwindigkeiten ... erhöhen also im nächsten Schritt wieder den Druck, aus dem sie entstanden waren. Das ist eine zunächst unabschließbare, sich selbst steigernde Reihe. Immer wird ein komplexer Arbeitsprozeß in einzelne, vergleichsweise einfache Arbeitsschritte zerlegt, die normiert und aneinandergereiht werden, so daß die gleiche Sache in weit kürzerer Gesamtzeit produziert werden kann. Fords auf der Basis von F. W. Taylors wissenschaftlichen Untersuchungen der Arbeitsorganisation eingerichtetes Fließband zu Beginn unseres Jahrhunderts bildet nur die konsequente Umsetzung dieses Prinzips in die Industrie, den endgültigen Schritt in die Massenproduktion. Die vielen Zwischen-Zeiten, die im handwerklichen Herstellen eines Gegenstandes anfielen, weil ein einzelner sich auf sehr verschiedene Tätigkeiten umstellen mußte, Hände und Augen im Fortschreiten der

»... die Eisenbahn als stärkste Metapher dieses Fortschritts« – »Rain, Steam and Speed – The Great Western Railway«. Gemälde von William Turner, 1844

Arbeit die erreichte Form mit der intendierten vergleichend immer neu koordiniert werden mußten, werden überflüssig in dem Moment, in dem jeder Schritt mechanisch fixiert ist. So wie die Räderuhr den Wächter überflüssig machte, der den Himmel, den Vogelschrei und abbrennende Kerzen miteinander verglich, um die Morgenstunde festzulegen, indem sie eine definierte Unterbrechung in sich selbst wiederholte. Das Prinzip setzt sich fort: Stifte an Rädern oder auf Scheiben, die nach genau abgemessener Drehung in andere Räder greifen, um Hebel zu bewegen, diese von den Automatenbauern des 18. Jhs., von den de Vaucanson, Jaquet-Droz, Kaufmann oder Kempelen zu höchster Vollkommenheit geführte ›Animation‹ der Mechanik wird von Jacquard auf den Webstuhl übertragen. Die Handgriffe der Weber werden in Abstände, Einstellungen von Stiften, Hebeln und Rollen umgesetzt, d. h. die Reihenfolge der Zeitpunkte fixiert, nach denen Fäden zu Bahnen und Mustern verkreuzt werden. Einmal angestoßen, vollzieht sich der Ablauf selbstgeregelt. Das Selbst der Maschine bildet dabei die Vorschrift, das Pro-gramm, nach dem die investierten Energien verbraucht werden. Dies ist nichts als die aufgezeichnete Form der Zeit-Schritte – ob nun als Nockenrad, Stiftscheibe, Lochkarte ... bis zu der mit elektromagnetischen Ladungen oder Laserlichtabständen funktionierenden Software der heutigen Maschinen – nach der Energie und Material zusammenarbeiten sollen. Gleichgültig, welche Energie und welches Material, ob Stein, Erz, Leder oder Seide von Wasser-, Feder-, Dampf- oder Muskelkraft bearbeitet werden: wo die zeitliche Reihenfolge der jeweiligen Umsetzungen analysiert, in einem Schema, einer Formel festgelegt werden kann, steht seiner Anwendung, d. h. seiner Wiederholung in einer materialen Anordnung prinzipiell nichts mehr im Wege. Ebensowenig der Vervielfachung und weiteren Beschleunigung solcher Prozesse.

Eben das heißt Industrialisierung. Diese ›Befleißigung‹ – wollte man das Wort nach dem lateinischen *industria* (Fleiß) in ein unangenehmes Deutsch übersetzen – bedeutet die Verkoppelung von Produktion, Transport, Verteilung und Verbrauch der Dinge auf der Grundlage eines Prinzips: der abstrakten Zeit. Mit Beginn des 19. Jhs. werden nicht bloß die Manufakturen nach und nach durch Fabriken abgelöst, wo die automatischen Webstühle durch Dampfmaschinen angetrieben werden, die ein Tausendfaches der bisher verwendeten Antriebe leisten. Die so massenhaft produzierten Waren müssen auch effektiver verteilt werden, möglichst schnell zu den alten und den vielen neu entstehenden Märkten transportiert werden.

Zunächst als Zugmaschine bei der Erzförderung in englischen Bergwerken eingesetzt, wird die auf Räder montierte Dampfmaschine zum zentralen Vehikel des Fortschritts in die neue Zeit. Reinhart Koselleck hat die allen Generationen des beginnenden 19. Jhs. gemeinsame Erfahrung »die Erfahrung der Beschleunigung«[91] genannt. Ob als Wechsel der Regime, Bevölkerungsexplosion, Wandel der Rechtssysteme, die »Geschwindigkeit der Zeit«[92] verzehre jede Distanz und mache alle Historiographie unmöglich, zitiert Koselleck eine Bemerkung de Lamartines von 1849. Er benennt schließlich die Eisenbahn als stärkste Metapher dieses Fortschritts.

> »Mit der Eisenbahn schien der Mensch endlich Herr über die Naturgewalten zu werden, an sie knüpften sich jene utopischen Hoffnungen, die mit zunehmender Geschwindigkeit das vermeintliche Ziel der Geschichte, den ewigen Frieden zu erreichen trachteten. (...) Die Bürger stellten exakte Berechnungen an, wie sehr sich durch die wachsende Geschwindigkeit die Arbeitszeit verkürzen müsse und der Raum zusammenschrumpfe.«[93]

1820 fahren die ersten ›Dampfwagen‹ in den Straßen Londons. 1825 wird die Strecke Stockton-Darlington eröffnet, 1838 die berühmte Strecke zwischen London und Manchester.[94] Von hier datiert die Verspannung Europas, Nordamerikas, der Erdkugel mit einem Netz von Stahlschienen, auf denen Menschen und Güter mit steigenden Geschwindigkeiten bewegt werden, bis zu den Hochgeschwindigkeitszügen unserer Tage, dem T. G. V., Train à grande vitesse, der von Paris nach Lyon nur mehr drei Stunden benötigt. Wolfgang Schivelbusch hat diese »Geschichte der Eisenbahnreise« als Industrialisierung der Bewegungswahrnehmung beschrieben.[95] Er verfolgt die Auftrennung der synästhetischen, an den eotechnischen Verkehr gebundenen Wahrnehmung in die ›panoramatische‹, das Sehen schnellbewegter Landschaften vor dem Abteilfenster in einem stillgestellten, nur noch diffus erschütterten Restkörper. Was von nun an *wahr*genommen wird, ist die abstrakte Zeit selbst, die reine Bewegung der Dinge, die dem Körper immer weniger Widerstand entgegensetzen, an denen er sich spüren, die er erfahren könnte.

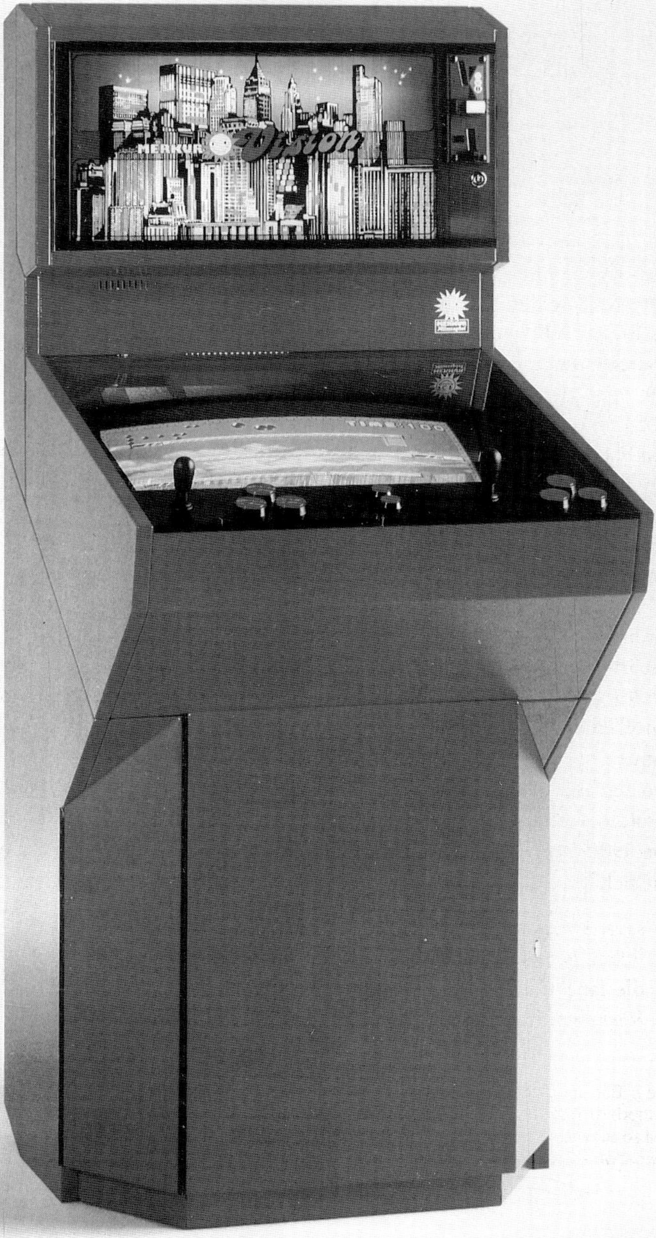
MERKUR
Vision

III ›Punktzeit‹

Dampfmaschine, Gas- und Elektromotor liefern im 19. Jh. die Mittel für neue Beschleunigungsschübe. In der zweiten Jahrhunderthälfte ist das bereits sehr dichte Eisenbahnnetz noch zu grob, gibt es mit dem Kraftfahrzeug einen weiteren Schritt in die mobilen Gesellschaften. 1885 unternimmt Karl Benz erste Ausflüge mit einem dreirädrigen Motorwagen. Als Sohn eines Lokomotivführers hatte er die Idee, »ein Fahrzeug herzustellen, das ohne Pferde, ähnlich wie die Züge auf den Schienen, sich auf der Landstraße schienenlos bewegte«.[96] 1894 begann der Serienbau des Autos, es kostete 2000 Reichsmark und erreichte 20 km/h. Bereits 1912 wurde ein Rennwagen auf 160 km/h beschleunigt.

In einer sorgfältigen Untersuchung hat Martin Scharfe das mit dem Automobil geradezu epidemisch sich ausbreitende, bis heute wenig gestörte Ideal der *individuellen Beweglichkeit* dokumentiert. Gegen den »collektivistischen« Zwang der Schiene wird mit aller aufklärerischen Emphase die Freiheit auf den eigenen Rädern ins Feld geführt. Es können zunächst auch bloß zwei Räder sein, welche die Individuen von den Linien weg in die Landschaften zerstreuen. Scharfe zitiert den Ethnologen Michael Haberlandt mit einer Streitschrift für das Fahrrad von 1900, die bereits alle Argumente versammelt, die das Auto dann mit sich im Gepäck führen wird.

> »Das Eisenbahnwesen (...) habe ›die Massen unendlich beweglicher gemacht‹, es habe ›die großen Fernen verknüpft und die langen Linien bevölkert‹. Doch nun sei, mit dem neuen Verkehrsmittel, die ›großartigste Steigerung der *individuellen*

◁ »Sein Bild ist das Resultat einer Rechenoperation, nach deren Algorithmus ein Kathodenstrahl die Bildpunkte des Schirms zum Aufleuchten bringt, nacheinander und so schnell, daß das Bild sich zu bewegen scheint, als Holografie oder Computeranimation – Videospielgerät »Merkur Vision«

Beweglichkeit‹ hinzugekommen. ›In die ungeheuren, zahllosen Maschen des collektivistischen Verkehres bringt es die ungebundene Circulation der Individuen, welche die verödeten Zwischen- und Nebenstraßen beleben mit flüchtigen Schwärmen, die allerorten durcheinanderstreben‹. Die Emancipation des Individuums (...) sei ein ›Culturfortschritt von unübersehbarer Tragweite‹ – ›von der Uncultur zur Cultur, von der Austernexistenz des Urmenschen zur Allbeweglichkeit der Gegenwart‹.«[97]

Die weitere Technik- und Verkehrsgeschichte des Automobils ist bekannt, ihr Gang in die sich gegenwärtig zunehmend selbst blockierende Massenmobilität, das Umschlagen ins krasse Gegenteil zu jener Phantasie von der ›Allbeweglichkeit‹. Die Diskussion darüber soll hier nicht geführt werden, sie füllt bereits ganze Bibliotheken.[98] Zudem

Programmatisch sucht der italienische Futurismus Geschwindigkeit sichtbar zu machen und sprengt damit endgültig traditionelle Darstellungsweisen der Kunst: »Auto in corsa« (»Fahrendes Auto«) oder »Automobile e caccia alla volpe« (»Automobil und Fuchsjagd«). Gemälde von Umberto Boccioni, 1904

dürfte die Geschichte der anderen Verkehrsmittel nicht ignoriert werden, der Motorräder, Schnellboote, Überschallflugzeuge, Raketen und Weltraumfähren, die ihre Besatzungen mit vielfacher Schallgeschwindigkeit auf Kreisbahnen um die Erde jagen. In diesen Kreisen der ›ungebundenen Circulation‹ scheint eine Figur als technische Bewegung wiederzukehren, die das mythische Denken charakterisiert hatte, den unendlichen Austausch der Dinge in einem immer erneuerten Kreis. Tatsächlich kann diese Figur nur jemandem so erscheinen, der einen Ruhepunkt außerhalb all der Bewegungen gefunden hat, dem Mann im Mond vielleicht, trotz der Besuche, die er inzwischen hatte. Für die Beteiligten sieht es anders aus. Der Mythos als Verklammerung von natürlichen Ereignissen und kulturellen Aktivitäten hatte ihren *Zusammenhang erzählt,* jeder Sache und jeder Person ihren Ort auf einem in sich geschlossenen Weg zugewiesen. Die Zivilisationen der Neuzeit hatten diesen Kreis aufgeschnitten und zu einer langen, ins

Offene zielenden Linie gebogen, auf der viele kleine Einzelgeschichten angesiedelt werden konnten: statt der Erzählung von Göttern und Königen die Bildungsgeschichten vom erfolgreichen Bürger, Kaufmann, Unternehmer, Ingenieur, Wissenschaftler, die unermüdlich den Rest der Menschheit, all die Arbeiter, Neger, Bettler, Frauen und Kinder in eine immer reichere Zukunft führten. Die größeren Geschwindigkeiten, die heftigeren Beschleunigungen haben aber zu ebenso heftigen Zusammenstößen und Explosionen geführt, die nicht mehr unbedingt als *Frei*sprengungen wahrgenommen wurden. Allen voran die zwei großen Kriege unseres Jahrhunderts haben mitsamt den Landschaften, Städten und Einwohnern, die in Krater, Ruinen und verbranntes oder verstrahltes Fleisch verwandelt wurden, auch die große Zukunftslinie gesprengt. Je nachdem, auf welcher der seitdem herumfliegenden Teilchen dieser Linie der Beobachter sitzt, erscheinen ihm andere Bewegungen: meditativer Stillstand wie dem Mönch Seng-chao aus dem 3. Jh. n. Chr., zeitlupenartiges Schweben, höllische Raserei. Daß der Beobachter überhaupt isoliert auf einem Teilchen sitzt und ebenso isolierte Bilder, Töne, Gerüche, oft nur noch Flackern und Rauschen wahrnimmt, ist eine zwar beunruhigende, aber durchaus zulässige Folge des linearen Zeitkonzepts: Es enthielt die Elemente seiner Selbstauflösung bereits in sich. Mit jeder neuen Zerlegung eines Materials, seiner Ausrichtung nach den Stunden, Minuten, Sekunden, Nanosekunden der objektiven Zeit wurden Energien freigesetzt, die wohl immer nur zum Teil in kontrollierte Arbeit (= Leistung mal Zeit) investiert werden konnten. Der Rest, zumeist der größere Teil, lieferte den Zündstoff für die nächste Sprengung der mühsam aufgebauten Ordnungen. Diese Explosionsbewegung der Materien wird begleitet und in gewisser Weise abgelöst von der Beschleunigung und ›ungebundenen Circulation‹ ihrer Zeichen, der Implosion der Bilder. Von der Geschichte der Körper, die sich in symbolischen Formen repräsentierte, beginnen sich diese mehr und mehr abzulösen und ihrerseits die Körper zu formen.

»Bei Dürer wird hier, durchaus emblematisch, der weibliche Körper fixiert, das Bild der Natur in Quadrate zerlegt« – »Der Zeichner des liegenden Weibes«. Holzschnitt von Albrecht Dürer, publiziert 1538 ▷

Bilder und Töne

Das ›panoramatische‹ Sehen, die Wahrnehmung schnellbewegter Landschaften als eine Flucht flacher Bilder, die an den Fenstern von Eisenbahn, Auto oder Flugzeug vorbeiziehen, durch einen an sich selbst nur noch die Augenmuskeln bewegenden Körper, ist keine Erfindung des 19. Jhs. Die Situation, d. h. die Auftrennung oder Zerlegung der synästhetischen Wahrnehmung in die genau definierte Wahrnehmung der Einzelsinne wird weit früher realisiert. Einher mit der Zerlegung der Zeit durch die Uhr und die mit ihr kooperierenden Meßinstrumente geht die Zerlegung des Raums, die Kartierung der Makro- wie Mikroräume. Astrolabium und Kompaß vermessen den kosmischen wie den irdischen Raum, fixieren die Punkte, welche ein Körper einnimmt oder einnehmen kann.

Die von den Künstler-Ingenieur-Wissenschaftlern des 15./16. Jhs. entwickelte Zentralperspektive macht das Prinzip anschaulich und erlernbar. Was so aussieht wie die *Erweiterung* der zweidimensionalen Fläche um die dritte Dimension, funktioniert tatsächlich als Reduktion, Einschränkung, als Absehung von den vielfachen Phänomenen der Körper zugunsten eines einzigen *geometrischen* Körpers, dessen Raumpunkte gerastert werden.

Wieder taucht das Kreuz auf, das den Grundriß des archaischen Tempels gegeben, das im Christentum den Zwischenraum der Begegnung von Gott und Mensch bezeichnet hatte, die Opferstelle. Als Fadenkreuz der Zielfernrohre und Waffensysteme wird es diverse Objekte

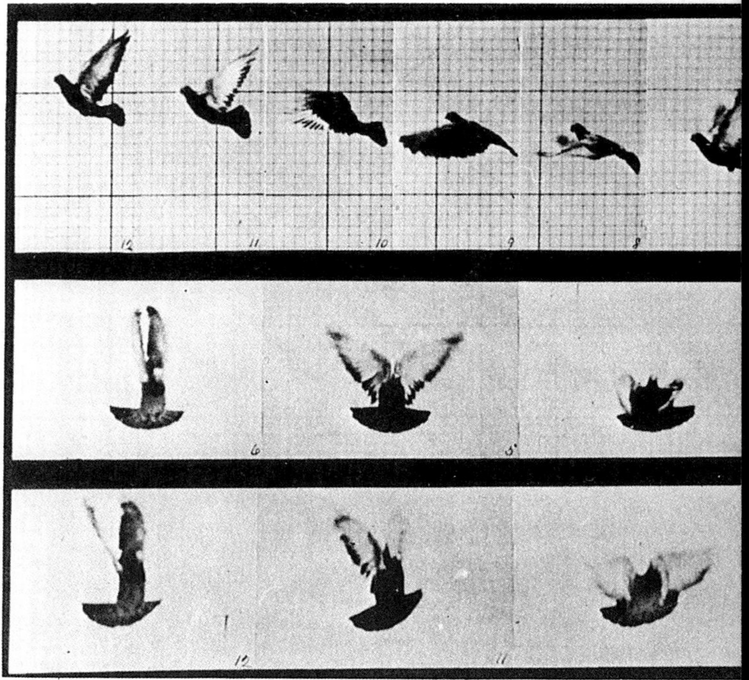

»... ein komplexer Raum wird durch Anordnung technischer Sensoren oder Rezeptoren in eine Fläche aus Linien und Punkten transformiert und diese Punkt für Punkt nach einem festen Zeittakt auf eine andere Fläche (...) übertragen« – Mit der Fotografie tritt die Zerlegung des Bildkörpers in eine Summe gerasteter Punkte in ein neues Stadium: »Bewegungsaufnahme von Tieren, Nr. 755« von Eadweard Muybridge, 1887

unserer Zeit vor dem übrigen Raum auszeichnen. Bei Dürer wird hier, durchaus emblematisch, der weibliche Körper fixiert, *das* Bild der Natur in Quadrate zerlegt, um gezeichnet, auf der Fläche wiederholt werden zu können. Von da kann es immer wieder kopiert, transportiert und rezipiert werden, die »Underweysung der Messung« wird nur statt mit »Zirckel und Richtscheyt« und statt mit »Blei oder Röthel« auf Papier mit anderen Apparaturen vorgenommen.[99] Aus dem Auge, das die Planquadrate des Pergaments abtastet und die Linien nachzieht,

werden Anordnungen von Objektiven, welche das Licht direkt auf eine empfindliche Fläche übertragen. 1839 erfindet Henry Talbot die Negativ-Fotografie, 1884 Paul Nipkow ein ›elektrisches Teleskop‹, eine Art Ur-Fernsehgerät, das mit der Braunschen Kathodenstrahlröhre dann 1897 möglich wird.[100] Das Prinzip bleibt: ein komplexer Raum wird durch die Anordnung technischer Sensoren oder Rezeptoren in eine Fläche aus Linien und Punkten transformiert und diese Punkt für Punkt nach einem festen Zeittakt auf eine andere Fläche – Papier, Leinwand, Monitor, LCD-Schicht – übertragen.

»Jede Fotokamera, jede kinematografische und videografische Filmkamera ist optisch nichts anderes als Artefakt gewordenes planperspektivisches Instrument. (...) Auch und gerade wenn die Schärfentiefe, z. B. der kinematografischen Kamera besonders brillant ist und wir einen Einblick in die drei Dimensionen

> des Raumes offeriert bekommen: das ikonografische Bild ist die Vergewaltigung der körperlichen Natürlichkeit auf die zweidimensionale Fläche, ihre Reduzierung auf diejenigen Informationen, die für unsere kulturelle Orientierung, unser Schauerlebnis im Imaginären notwendig sind.«[101]

Die Umsetzung der Bilder in Daten, in die Koordinaten eines Rasters, die beliebig wiederholt, auf andere Materialien übertragen werden können, hat zwei einander steigernde Konsequenzen: die Beschleunigung dessen, was eine Zeitlang noch Objekt der Wahrnehmung und die Stillstellung dessen, was ihr Subjekt genannt werden kann. So daß, was hier bewegt, also lebendig, und was unbewegt, eher tot, erscheint, immer häufiger die Positionen wechselt, die Grenzen zwischen beiden tendenziell aufgelöst werden. Ist die Übertragung der Daten des Einzelsinns zunächst an recht schwerfällige Transportkörper gebunden – an den Zeichner, den Kopisten, die Kutsche, Eisenbahn etc., die das Blatt übermitteln – so werden die Möglichkeiten, Daten abzukoppeln und für sich zu melden, immer besser. Nach Sömerings chemo-elektrischen Versuchen zu Beginn des 19. Jhs. gibt es 1835 – gleichzeitig mit der Eröffnung der Eisenbahnstrecke Nürnberg–Fürth – Telegrafieversuche von Gauß und Weber, 1843 eine Art Scanning zur Übermittlung von Bildern, 1860/61 das Telefon von Johann Philipp Reis, 1876 wird Alexander Graham Bells Telefon patentiert.[102] Waren es einmal die Reichweiten der Fernsinne Auge und Gehör, die den Kommunikationsabstand der Körper definierten, so wird diese Distanz durch die Umsetzung von Schall und Licht in elektrische Signale immer mehr ausgeweitet, schließlich beliebig groß.

Umgekehrt müssen Auge und Gehör mitsamt dem Körper, in dem sie stecken, immer weniger bewegt werden, um jenen Mindestabstand zu erreichen, in dem sie die Kommunikation aufnehmen können. Die Mittel dazu werden zwar, wie gesagt, immer schneller, mit den Hochgeschwindigkeitsfahrzeugen werden die Zeiten kürzer, in denen dies geschehen könnte. Mit der Telekommunikation verlieren sie aber eigentlich ihren Zweck, produzieren mehr und mehr leere Bewegungen, sinnloses Reisen an längst bekannte Orte.[103] Diese Sinnlosigkeit

»Außerdem spricht es« – Die alte Weise Grammophonplatten aufzunehmen: Sie werden direkt besprochen.Stich, um 1920 ▷

ist durchaus wörtlich zu verstehen: Der Sinn wird von den Zeichen transportiert, und die gehen inzwischen ihre eigenen Wege. Die Körper in den Verkehrsmitteln dagegen sitzen unbeweglich wie der Zeichner Dürers, der immerhin noch mit der Hand den Linien der weiblichen Gestalt nachfuhr, um sein Bild herzustellen. Diese Imagination, Einbildung einer Figur auf einer leeren Fläche, wird von perfekteren technischen Mitteln übernommen, die Selbstbewegung des wahrnehmenden Körpers zum Zwecke ihrer Herstellung überflüssig. Um seine Kunst zu verifizieren, mußte der Zeichner aufstehen, um den Holzrahmen mit dem quadrierten Pergament herumgehen, Zeichnung und Objekt noch aus anderen Perspektiven vergleichen. Vor dem Monitor muß sich niemand mehr erheben, dahinter gibt es gar kein Objekt. Sein Bild ist das Resultat einer Rechenoperation, nach deren Algorithmus ein Kathodenstrahl die Bildpunkte des Schirms zum Aufleuchten bringt, nacheinander und so schnell, daß das Bild sich zu bewegen scheint, als Holografie oder Computeranimation, *artificial reality* gegenwärtig auch aus dem Bildschirm in den dreidimensionalen Raum tritt, den Realitätstest milde lächelnd besteht. Außerdem spricht es.

»Die physikalisch-akustischen Grundlagen für eine Theorie der menschlichen Sprache wurden in Deutschland in erster Linie durch die Arbeiten von Helmholtz geschaffen. Sein Werk *Die*

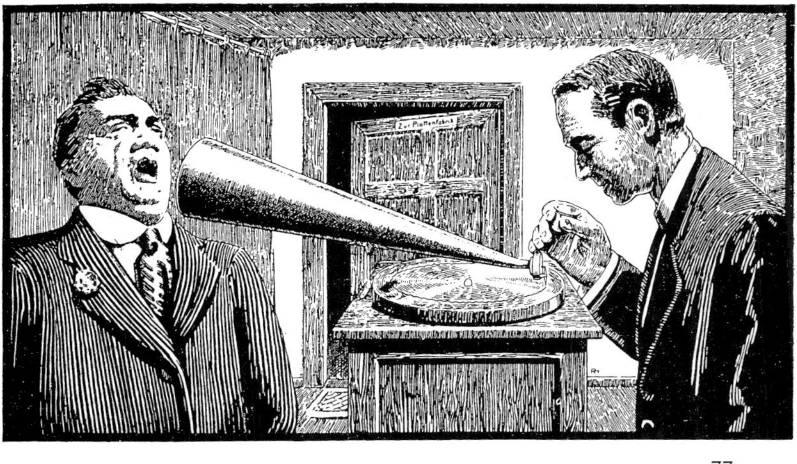

> *Lehre von den Tonempfindungen,* das 1870 erschien, stellte einen wichtigen Fortschritt zum Verständnis der Funktionsweise der Musikinstrumente und der Gehörorgane dar. Mit dem von ihm konstruierten ›Vocalapparat‹, bei dem elektrisch über Magnete und Stimmgabeln verschiedene Resonanzröhren erregt werden, konnten Laute, die den Vokalen der menschlichen Stimme durchaus ähnlich waren, erzeugt werden.«[104]

An sich ist der Schall selbst bereits von hoher Geschwindigkeit, weit über 1000 km/h, das Vielfache der Geschwindigkeit eines auch noch so gut gedopten Läufers, der ideale Träger für Botschaften also. Mit der Transformation von Luftschwingungen in elektrische Schwingungen werden sie nochmals enorm beschleunigt, auf die Geschwindigkeit der Elektronen gebracht, die nur noch vom Widerstand des jeweiligen leitenden Materials gebremst wird. D. h. das *Bild* des Schalls wird schneller, eine analoge Figur, sein Zeit-Zeichen, die Umsetzung der Intensität und Dauer einer Schwingung in ein anderes Medium.

> »Ein wichtiger erster Schritt für ein elektrisches Telefonsystem wurde aber erst durch den Lehrer Philipp Reis (1834–1874) getan. Im Oktober 1861 führte er der physikalischen Gesellschaft zu Frankfurt am Main seinen Apparat zum ersten Mal vor. Die Maschine bestand aus einem Zeichengeber, gebildet aus einer kreisförmigen Membran, und einem davon bewegten Platinkontakt, aus einem Zeichenbringer, ein Resonanzkasten, der von einer Eisennadel, die mittels eines Elektromagneten in Längsschwingungen kommt, erregt wird, und schließlich einer galvanischen Batterie und den entsprechenden Leitungsdrähten.«[105]

Wie die visuelle Figur durch das System des Zeichners, so wird auch die akustische Figur – Wort, Klang oder Gebrüll – in ihre Bestandteile zerlegt, ihre Verhältnisse analysiert, das Ergebnis im neuen Medium realisiert, als Zeichen produziert. Hier stünde nun der Beschleunigung des Gesamtbildes, des kombinierten visuellen und akustischen Zeichens ins Unendliche, seiner Anwesenheit an jedem Ort zur gleichen Zeit eigentlich nichts mehr im Wege. Die Omnipräsenz Gottes, den bereits auf der Erde wahrzunehmen, ja doch niemandem außer den wenigen von ihm bevorzugten Mystikerinnen erlaubt ist, wäre zumindest in der Gestalt von Zeichen, die allen sichtbar wären, endlich verwirklicht. Leider wird das immer noch von ein paar Dingen verhindert, sowohl auf der Seite des Mediums, das die Zeichen transportiert, wie auf der Seite der Wahrnehmung.

Auf der Seite des Mediums, d. h. auf den Übertragungswegen des jeweiligen medialen Systems, geht es, das hat Einstein zu Beginn unseres Jahrhunderts nachgewiesen, eben niemals schneller als mit Lichtgeschwindigkeit. Und selbst wo das Licht zum Zeichenträger wird wie beim Glasfiberkabel, wird es immer noch um mehr als ein Drittel seiner Geschwindigkeit im leeren Raum abgebremst. Die Newton-Zeit hat durchaus ihre Grenzen, besteht keineswegs unabhängig von den bewegten Körpern, verhält sich nicht absolut, sondern relativ zu deren Geschwindigkeiten. Für menschliche Dimensionen mag das nichts besagen, aber eben diese werden beim Zeichentransport ja überschritten, den 299 792,458 km/h angenähert, die das Licht im Vakuum durcheilt. So ist die Zeit von den Physikern selber als vierte Dimension an die drei Dimensionen des Raumes gebunden worden, zumindest hier wurde ihrer beständigen Flucht eine Grenze gesetzt. Was hätten auch immer höhere Beschleunigungen anderes zur Folge als immer häufigere Zusammenstöße, was wäre die Omnipräsenz der Zeichen anderes als ein riesiger Haufen unlesbaren Informationsmülls, ununterbrochenes weißes Rauschen?

Nichts anderes würden die Sinne wahrnehmen, würden die hochbeschleunigten Zeichen nicht wieder auf ihre Dimensionen heruntergebremst, in die vergleichsweise langsamen internen Reaktionszeiten rückübersetzt. Man könnte aus dieser Perspektive die neueren Medien auch als Verlangsamungsapparate bezeichnen. Ein Teil jedenfalls, die Ausgabestellen Projektor, Monitor, Lautsprecher, der ›Resonanzkasten‹ oder ›Zeichenbringer‹ von Reis, muß die elektrischen Signale wieder in akustische und visuelle umwandeln, technische Zeit und Wahrnehmungszeiten synchronisieren. Hier findet sich die andere Grenze für die Expansion und Implosion der Zeichen. Sie müssen kompatibel gemacht werden, damit sie in den Wahrnehmungsnetzen, den Augenfenstern und Ohrenkästen eingefangen werden können. Diese beiden Grenzen, die der sogenannten objektiven und die der subjektiven Zeit, regeln auch die Geschwindigkeit der Zeichen, sofern sie *von* jemandem *für* jemand anderen formuliert werden.

Natürlich sind Grenzen dazu da, überschritten zu werden. Wenn schon die Lichtgeschwindigkeit nicht überschritten werden kann, so kann doch das Konzept einer objektiven, physikalischen Zeit selbst veralten. Die neueren astrophysikalischen Theorien haben die »kurze Geschichte der Zeit«[106] berechnet, ihre ›Pforten‹, Beginn und Ende des Universums. Von einem Vorher oder Nachher zu sprechen, wird für die Physik zu einer ›ungenauen‹ Redeweise.

> »Die unumstößlich feststehende geometrische Theorie der Gravitation, die Einstein uns 1915 gegeben hat, sowie in diesem Zusammenhang gemachte Beobachtungen sprechen dafür, daß das Weltall mit einem Urknall begann. Die Materie, die uns heute umgibt, war damals etwa sieben bis fünfzehn Milliarden Jahre jünger als heute.«[107]

So ist die Physik exakt dort angelangt, wo der Mythos seinen Ausgang nahm, die Erzählung vom Zusammenhang des Diesseits und Jenseits der Zeit begann, »am Anfang also von allem, was denkbar ist« (s. S. 12). Tatsächlich sind es die Physiker, die trotz aller Rede vom Ende der »großen Erzählung« (Lyotard) die allergrößten Erzählungen vom denkbar größten Objekt überhaupt wagen: dem Universum und seiner spannenden Geschichte von Geburt, Überlebenskampf und Tod.[108] Diese im Widerspruch zur richtungsneutralen Newton-Zeit gerichtete Zeit, der sogenannte Zeitpfeil – dessen Gesetze im 19. Jh. die Wärmelehre für geschlossene thermische Systeme formuliert hatte – trägt der einfachen Tatsache Rechnung, daß geordnete Zustände von selbst immer eher zur Unordnung tendieren, daß ohne Eingriff von außen, durch Aufwand von Energie eine Sache im Lauf der Zeit zerfällt, den wahrscheinlichen, gleichmäßig unordentlichen Zustand annimmt. Dieser physikalisch Entropie, dramatisch ›Wärmetod‹ genannte Sachverhalt scheint auch die subjektive Zeitwahrnehmung zu bestimmen.

> »Der bakterielle Fäulnisprozeß zersetzt die Früchte im Herbst allmählich. (...) Nehmen wir diesen oder jeden anderen beliebigen ›makroskopischen‹ Prozeß des Aufbaus und Zerfalls struktureller biologischer Information mit einem Zeitrafferfilm auf und spielen diesen einem größeren Publikum vorwärts oder rückwärts vor, so wird selbst für unbekannte Prozesse die

überwiegende Mehrheit der Zuschauer die richtige zeitliche Ordnung erkennen können. (...)

Der zeitlichen Anisotropie (Unumkehrbarkeit; Gendolla) biologischer Prozesse in unserer Umwelt entspricht die Anisotropie aller jener zentralnervösen Prozesse, durch die zeitliche Sequenzen repräsentiert sind. Die Anisotropie erlebter und erinnerter Zeit ist offenbar nichts anderes als eine phylogenetisch zweckmäßige Anpassung von Wahrnehmungswelt und Umwelt.«[109]

So können die visuellen Organe zwar leicht eine gespiegelte Figur als gleiche erkennen. Eine komponierte Tonfolge aber, ein musikalisches Thema etwa wird, in umgekehrter Folge gespielt, zu einer sinnlosen Geräuschkette.

»Für einen Teil der Nervenzellen der Gedächtnisregion des Zentralnervensystems wird also postuliert, daß die Sequenz zeitlicher Ereignisse in der Wahrnehmung in einer räumlich geordneten Sequenz des Membranproteinsynthesesystems der Ribonukleinsäuren abgebildet wird. So wird zeitliche Ordnung als räumliche Ordnung ›festgeschrieben‹.«[110]

Genauso wie die Zeitrichtung der Wahrnehmung ist ihr Zeit-Takt, die Grenzen, nach denen Ereignisse als Moment, Dauer oder Veränderung erlebt werden, durch neuronale Übertragungsgeschwindigkeiten definiert.

»Die einfache Reaktionszeit liegt für Lichtsignale in der Größenordnung von 200–350 ms und hängt von der Ausdehnung, der Leuchtdichte, dem Kontrast und der Position des Lichtreizes im Gesichtsfeld ab. Subjektive Faktoren, die einen Einfluß auf die Reaktionszeit haben, sind Aufmerksamkeit, Grad der Ermüdung und der circadiane Rhythmus der Versuchsperson.«[111]

Können also die subjektiven Grenzen der Wahrnehmung von Zeichen nicht ignoriert werden, so muß eben das Subjekt der Wahrnehmung transponiert oder abgeschafft werden. Nicht das Seelen-Subjekt der Religionen oder das selbstbestimmte Subjekt der Aufklärung, das eigengeleitete Bildungssubjekt der westlichen Demokratien. Dies mag

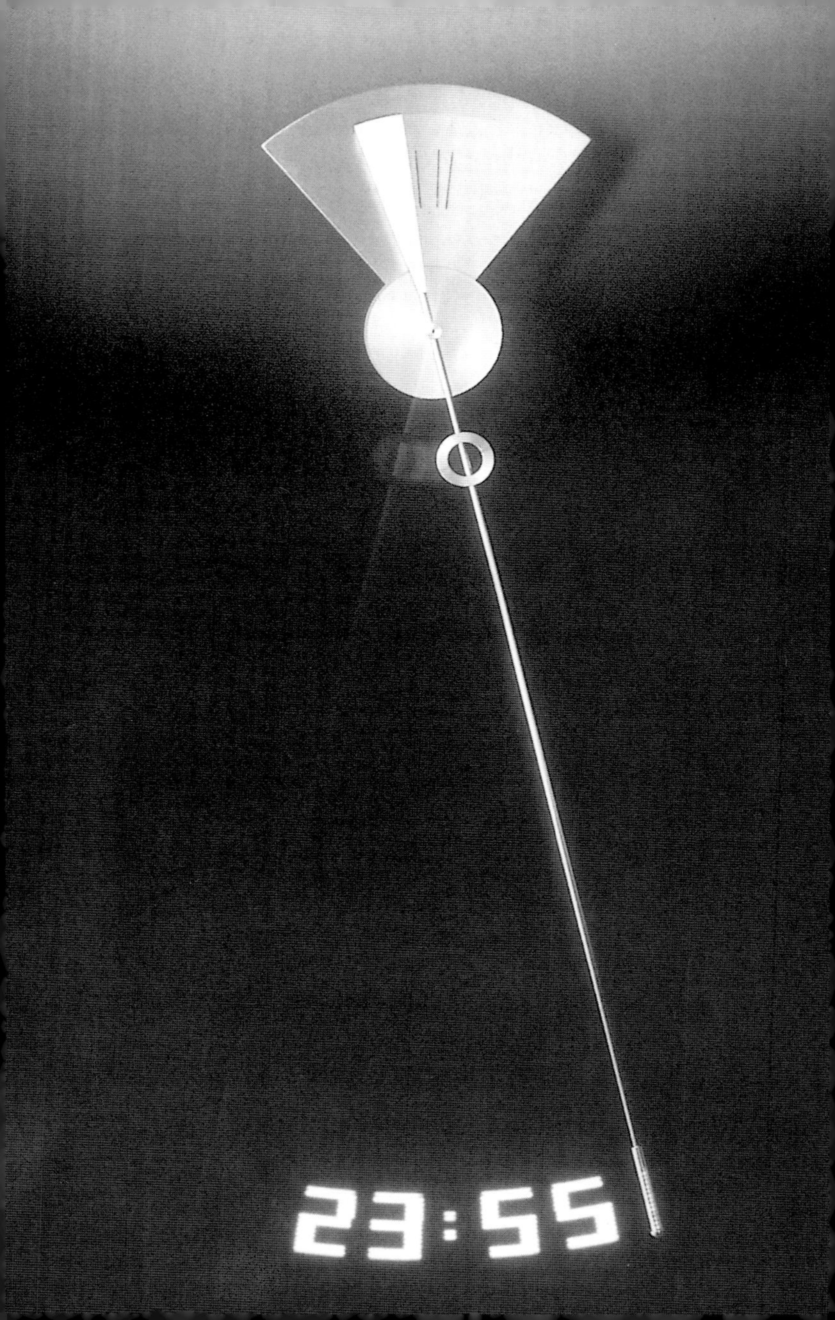
23:55

dahingestellt bleiben, sich auflösen oder sich als Programm in den Kommunikationsnetzen der Zukunft wiederfinden. Ganz konkret abgeschafft, d. h. durch technische Apparaturen ersetzt, werden aber mehr und mehr Teile des organischen Systems, auch des Wahrnehmungssystems.

> »Die neueren Kenntnisse über die Arbeitsweise des Sinnesorgans bieten gemeinsam mit neuester Mikroelektronik die Chance, auch hinter dem mechano-elektrischen Wandlungsmechanismus dem Organ passende Signale zuzuführen, d. h. die Sinneszellen oder die Nervenfasern direkt elektrisch so zu reizen, daß der mechano-elektrische Wandlungsvorgang ersetzt wird.«[112]

Der direkte elektrische Anschluß der zum Zentralnervensystem leitenden Fasern an ein technisches Rezeptor- oder Sensorsystem ist hier gelungen, im akustischen und optischen Bereich werden Ohr und Auge durch miniaturisierte Mikrophon- oder Kamerasysteme zu ersetzen versucht. Den Blinden und Tauben werden die Bilder und die Töne wiedergegeben. Warum jedoch nur ihnen? Warum nur Seh- und Hör*hilfen*? Denkbar wären doch *Verstärkungen* und *Erweiterungen* der Sinne in ganz anderer Weise, als es mit Mikroskop, Fernrohr oder Richtmikrophon bisher schon möglich war. Nicht allein in Form der ›Telepräsenz‹ Marvin Minskys, der ›Fernanwesenheit‹ oder ›simulierten Simultaneität‹ der an die technischen Sensoren und ihre Netze angeschlossenen Körper.[113] Da die Licht- und Schallwellen bereits in Serien elektrischer Signale transformiert sind, können sie auch direkt manipuliert werden, d. h. Bilder und Töne erzeugt werden, die keinen Außenraum mehr abbilden, nur noch als interne Reihe von Signalverarbeitungen existieren.[114] Auf diese Weise wären doch vielleicht Veränderungen der Zeit-Wahrnehmung möglich, eine Verschiebung der im langen Weg der Evolution fixierten inneren Rhythmen. Mit Drogen kann diese Erfahrung ja bereits gemacht werden.

> »Befremdet und ein wenig angeekelt verfolgte ich den Weg meiner rechten Hand, die wie eine Schnecke durch den Raum kroch, wie ein eigenes Wesen, unabhängig von mir. Der Impuls,

◁ ›Punktzeit‹ – Von der Pendeluhr zur digitalen Zeitmessung. »Pendeluhr«: Objekt von SERIEN (da Costa/Wolf), 1989

das Wasserglas auf dem Schreibtisch zu erreichen, lag so weit zurück, daß ich die endlich erfolgende Ausführung nicht mehr damit in Zusammenhang bringen konnte.«

Grassmuck, der diese »Steigerung der Verarbeitungsgeschwindigkeit des menschlichen Informationssystems« durch die Droge DNX, den Selbstversuch des Pharmakopsychologen Edmund Meyers, zitiert, fährt fort:

> »Die Gefühle erscheinen seltsam blaß und fern, ›als ob sie einem anderen gehörten‹. Am Ende verschwinden Freude und Behagen in gleicher Weise wie Unlust, Haß und Schmerz. Jegliche Phantasietätigkeit setzt aus, Assoziationen erscheinen blockiert, statt dessen bestimmen Zähl- und Ordnungszwänge das Bewußtsein. Die Außenwelt reduziert sich mehr und mehr zum unbedeutenden Hintergrund, eine unendliche Leere tut sich auf, jenseits von Angst und Hoffnung, ›gleich weit entfernt von Himmel und Hölle‹.«[115]

Was herkömmlich Emotionen, Phantasietätigkeit, lust- oder unlusterregende Assoziationsarbeit genannt wird, scheint engstens an die internen Zeitverhältnisse gebunden. Geht man an den Ausgangspunkt der halluzinogenen Störung zurück, so sind es offenbar in einem präzisen Sinne Zeit-Korrelationen, deren Effekte wir als Gefühle, Lust, Haß, Schmerz beschreiben. Für einen der Nah-Sinne, das Riechen, ist dies das Ergebnis von Untersuchungen, die an der Universität Erlangen gemacht worden sind. Die Hypothese:

> »Unsere beiden Gehirnhälften werden durch Riechreize phasenverschoben aktiviert, und genau die Auswertung dieser unterschiedlichen zeitlichen Verarbeitung von Information durch die beiden Hemisphären *ist* die Emotion. Registrieren die kommunizierenden Gehirnhälften lange Reaktionszeiten auf Duftstoffe am linken Nasenloch, verbunden mit kurzen Zeiten am rechten Nasenloch, so werten sie dies als ›angenehm‹ aus.«[116]

Es sind Erfindungen komplexer Impulsketten auf der Basis vorgegebener Zeittakte, welche die Phantasietätigkeit, das Herstellen der Bilder, Töne und Gerüche ausmachen.[117] Diese Basis reguliert auch die Grenzen möglicher Beschleunigungen oder Verlangsamungen, wie ein

Orchester eben nur mit abgestimmten Instrumenten und mit Musikern, die sich an den abgesprochenen Zeittakt halten, Musik machen kann. Sonst geht sie auseinander, gibt es nur einen Haufen schräger Geräusche, Kakophonie.

Zerstreuungen

»So trunkene Mathematiker wir auch sind,
wir hinken dennoch immer ein paar Lichtjahre
hinter unseren Berechnungen her«
Haindling

Das Prinzip jeder Uhrenkonstruktion ist die Zerlegung diskontinuierlicher in kontinuierliche Zeit, die Herstellung diskreter, identischer und möglichst kleiner Elemente, je kleiner, um so präziser geht die Uhr. Betragen die Schwingungen des Metallpendels der Huygens-Uhr im 18. Jh. noch mindestens Sekunden und gingen ihre besten Exemplare damit auf Jahre immerhin – wenn auch nur – um Sekunden verkehrt, so werden heute andere, weit stabilere Zeitgeber eingesetzt.

> »Heutzutage benutzt man Quarz- und Moleküluhren zur Präzisionszeitmessung. 1967 wurde die Definition der Sekunde auf die Frequenz der emittierten elektromagnetischen Welle beim Übergang zwischen zwei Hyperfeinzuständen des Zäsium-133 Isotops bezogen: Danach ist eine Sekunde gleich 9.192.631.770 Perioden dieser Übergangsfrequenz.«[118]

Ideal wäre der dimensionslose Punkt, mit dem jede Bewegung in unendlich kleine, gleiche, leere Raum-Zeit-Abschnitte geteilt und dann, jetzt aber exakt berechnet, wieder zusammengesetzt werden könnte – das Ideal der Newton-Zeit. Je mehr sich Mathematik und Physik diesem Punkt, dem unendlich kleinen Teilchenraum, genähert haben, um so schwieriger zu fassen, um so paradoxer ist er geworden, wie das Wort von Karl Kraus, das, je näher man es anschaut, um so ferner zurückschaut.

Nach Heisenbergs im Anschluß an Einsteins Theorien entwickelter Unschärferelation ist der Bereich der Elementarteilchen oder Quanten prinzipiell nicht in exakt fixierbare Raum-Zeit-Punkte aufteilbar: entweder Ort oder Geschwindigkeit können bestimmt werden, nicht beides zugleich. In der Raum-Zeit der Quantenmechanik kann der Beobachter, der hier Bewegungen mißt, keinen neutralen Posten mehr beziehen. Seine Meßinstrumente bestimmen die Ereignisse mit, je nach technisch umgesetzter Absicht mißt er Teilchen oder Wellen, Massen oder Energien. Solcher Perspektivismus gilt nicht bloß für die Mikroräume, er bestimmt Wahrnehmungsprozesse generell.

Aus der Nähe erscheint ein Knäuel Wolle als buschiger Ball, entfernt man sich, wird er zur Kreisfläche, dann zum Punkt, der sich schließlich auflöst.[119] Geht man umgekehrt immer näher heran, wird er zu einem Chaos wirr verkreuzter Linien, die einzeln wieder aus feinen Fasern geflochten sind. Würde man diese mit immer stärkeren Vergrößerungsapparaten betrachten, ergäbe sich das Gitter der Moleküle, dann kämen die Atome, und schließlich gelangte man in jenen Teilchenraum der Quantenphysik, wo auch diese längst nicht mehr letzten Punkte sich in noch immer kleinere Teilchenfamilien aufspalten, Elektronen, Neutronen, Neutrinos, Mesonen ... die Phantasie der Physiker in der Erfindung neuer Konzepte arbeitet unermüdlich.

Gesteigert wird der Perspektivismus durch Veränderung der Bewegungen, die den Raumkoordinaten hinzugefügte Zeitachse. Auf dem Tisch liegend, an dem der Beobachter ruhig sitzt, bleibt das Knäuel der (vielleicht etwas rollende) Ball; aus dem Fenster eines fahrenden Zuges geworfen, wird es zum Bogen, zum Strich in einer Landschaft, die sich mit gesteigerter Geschwindigkeit schließlich selbst in eine gleichmäßig flimmernde Fläche auflöst. An den Polen der Bewegung, im Kleinsten wie im Größten, im Mikro- wie im Makrokosmos erscheinen jeweils Punkte, letzte Punkte, die sich dann wieder als vorletzte herausstellen: die Singularitäten der Astrophysik, die Teilchen der Elementarphysik. Körper, Flächen und Linien sind nur Zusammensetzungen solcher Punkte, gewebt in den Koordinaten eines Rasters, das selbst wieder aus Punkten zusammengefügt wurde, Kreuzungspunkte eines anderen Rasters. Der Wahrnehmungsprozeß *ist* das Herstellen von Rasterungen, in denen dann etwas als Objekt erscheinen kann.

Je genauer die Erkenntnis dies Verhältnis reflektiert, je deutlicher alle Objekte im Zuge der Analyse als Konkretisationen eines anderen erscheinen – ob als Verdichtungen von Kraftfeldern, Umschläge von Energie in Masse und umgekehrt, oder ob als ›Phantomglieder‹ eines

»Der Wahrnehmungsprozeß *ist* das Herstellen von Rasterungen, in denen dann etwas als Objekt erscheinen kann« – Aufnahme des Mondes

traumatisch verletzten Neuronennetzes –, um so intensiver versucht sie, ihm zu entkommen. Zumeist in zwei Formen, zwei Bewegungen, beides Fluchtbewegungen, um die Ungewißheit loszuwerden, der undefinierten Zeit zu entfliehen, einen Ort zu erreichen, der sich nicht mehr bewegt.

Die erste Form bildet die immer weiter ausgreifende schnellere Bewegung, die ständige Beschleunigung der Dinge, um hinter sie zu gelangen, zur nächsten Bedingung, zum nächsten Raster. Ein unabschließbarer Prozeß, weil er sich von etwas abzutrennen versucht, etwas loswerden will, was er doch immer mit sich nimmt, die Wahrnehmung selbst.

So gibt es den zweiten, umgekehrten Versuch: die Verlangsamung aller Bewegung bis zum Stillstand, die Stillstellung auch der Wahrnehmung, um *nichts* mehr wahrzunehmen, eine leere, von außen nicht mehr veränderbare Stelle zu besetzen. Auch dieser Versuch – für den es von den asketischen Lebensformen Asiens oder des frühen Mönchtums des Abendlandes bis zu den Hybridformen des Zen-Buddhismus unserer Tage wirkungsvolle Beispiele gibt – kann immer nur momentan gelingen. Er ist dauernd von der anderen Bewegung bedroht, die ja, vom gleichen Willen zur Distanzierung beherrscht, immer mehr Fluchträume erobert. Es gibt gar kein Außerhalb zu diesen Bewegungen, es sei denn den Tod, das faktische Nichts.

Einer der ersten, der diese im wörtlichen Sinne zerreißende Erfahrung so klar wie möglich formulierte, war der Redner, Dichter, Erzieher Lucius Annaeus Seneca. Hubert Cancik hat sie als sein »wohl bedeutendstes« Werk mit folgenden Abschnitten zitiert:

> »Wir sind nur Gast auf Erden *(hospites),* Schauspieler in dem Theater, das Welt heißt. Unser Leben vollzieht sich wie in einem Raube; unser Leben ist eine Flucht. Wir müssen eilen, es drängt: ohne Aufschub jetzt leben. Jeden Tag muß das Leben ›ganz‹ sein, vollendet, voll, genug, ›satt‹, auch wenn es nicht lang war. Die Intensität des Lebens wird gewogen, nicht seine Länge gemessen. Der Mensch ist ausgesetzt in die reißende, gierige, verschlingende Zeit, geworfen in einen Punkt Zeit, er ›hängt‹ in einem Punkt Zeit; die Zeit flieht in rasender Geschwindigkeit, sie *ist* eigentlich gar nicht.
> *In hoc punctum coniectus es, punctum est quod vivimus, in puncto fugientis temporis pendeo.*«[120]

Diese ›Zeiten-Flucht‹, die Erfahrung von Raserei und Stillstand in oder aus einem einzigen Punkt, ist im Laufe der folgenden Jahrhunderte nicht verschwunden. Als Geschichtsphilosophie ist die stoische Lehre wohl von anderen, den eindeutigen Fortschrittsphilosophien der Aufklärung etwa, verdrängt worden. Als Erfahrung – nach der Umsetzung der Beschleunigungsideen in die technische und soziale Praxis – ist sie nur intensiver geworden. Zeitgleich mit den neuen Medien beginnt sie sich noch in den letzten Weltwinkel auszubreiten. Auch wenn sich derzeit diverse ›Entdeckung(en) der Langsamkeit‹ Gehör verschaffen, mit Helga Nowotny sind sie wohl eher als ganz integrale ›Bremsvorrichtungen‹ einer insgesamt weiter beschleunigten sozialen Maschinerie zu verstehen.

> »Zweifellos werden die Bremsversuche fortgesetzt und in Teilbereichen sogar institutionalisiert werden – doch gehört eine gut funktionierende Bremsvorrichtung nicht zu jeder anständig konstruierten Maschine? (...) die Interdependenzen sind irreversibel auf Beschleunigung eingestellt. Aus dem steinzeitlichen Reflex der Schnelligkeit bei Flucht und beim Kampf ist durch die soziale Evolution hindurch eine sich weiter beschleunigende wissenschaftlich technische Zivilisation geworden.«[121]

Die philosophische Formulierung Senecas von der ›rasenden Zeit‹, die eigentlich gar nicht *ist,* in der das Ich in einem Punkt hängt und mitgerissen wird, sich an nichts, am wenigsten an sich selbst festhalten kann, reflektiert zunächst nur eine Situation der Sprache: daß das Ich die Worte, in der es seine Erfahrungen und damit sich selbst zu begreifen sucht, im Moment des Aussprechens schon wieder verliert. So ist die phonologische Schrift die erste Technik, dieses Verschwinden aufzuhalten, und erscheinen ihre Fortsetzungen und Erweiterungen – der Druck, die Schreibmaschine, der Computer – als immer effektiver funktionierende Systeme, sich im sozialen Kontext zu situieren, zu erhalten, fest- und fortzuschreiben.[122] Aber wie jedes System mit der Effektivierung seiner internen Funktionen zugleich seine Umwelt, den Kontext, in dem es existiert, ja nicht abschafft, nur den Kontrast zu ihm verschärft, so erhöhen die immer perfekteren Schreibtechniken die Differenz zu der Umwelt, die sie entwickelt und anwendet, zum Körper.[123] Und erhöhen damit die Spannung an der von Seneca bezeichneten Stelle, wo sich schreibend oder lesend der Körper und

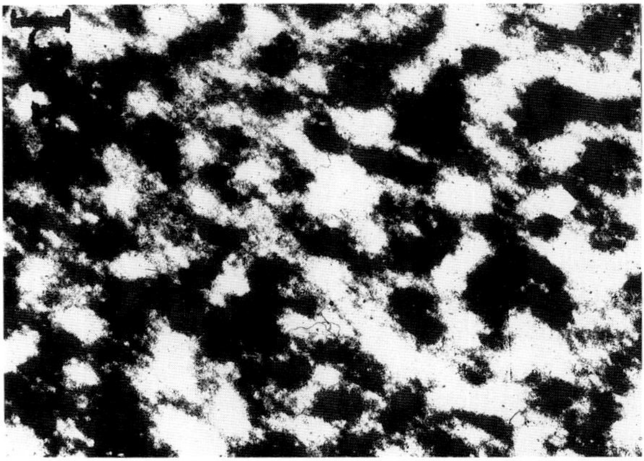

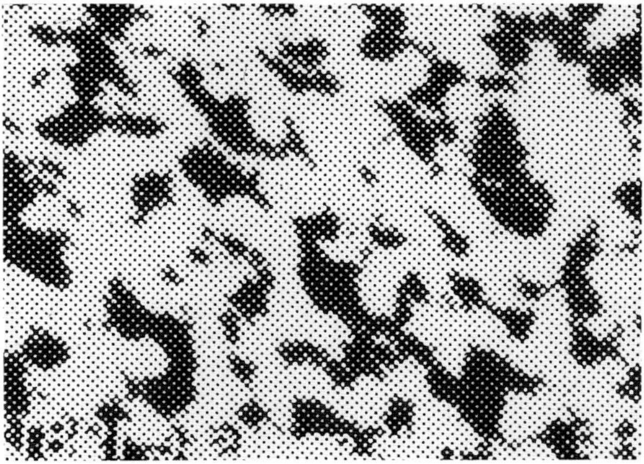

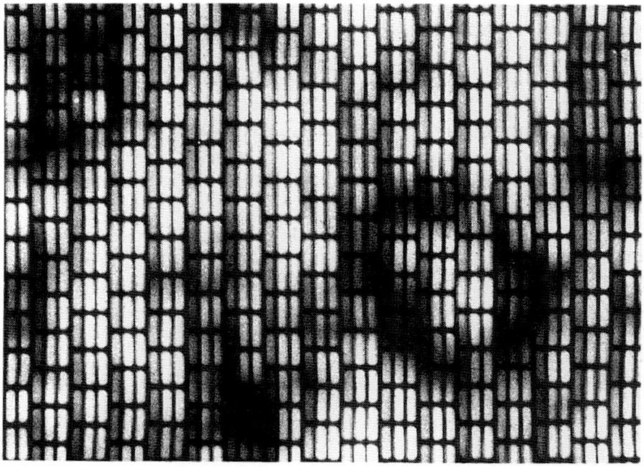

seine Techniken treffen: in dem Ich, das die Spannung loswerden wollte. Dabei hat sie sich in das Geschwindigkeitsverhältnis von Stillstand und Raserei in den technischen Artefakten selbst übersetzt. Die neueren Medien oder Kommunikationssysteme, in denen Texte und Bilder zirkulieren, konfrontieren eine schnelle technische und eine langsame Wahrnehmungszeit. Das Ergebnis ist jene ›simulierte Simultaneität‹, von der Peter Weibel und andere gesprochen haben. Bereits der Film läßt 24 Bilder pro Sekunde am Auge vorbeiziehen, dessen Übertragungszeiten mit diesem Tempo nicht Schritt halten, so daß die Bilder nicht mehr einzeln, sondern als bewegte gesehen werden. Auch die Tricks der Zauberer waren ja nichts als Schnelligkeit, Illusionen sind Geschwindigkeitsphänomene. In der Fernsehröhre tastet ein Elektronenstrahl die Bildpunkte, Pixel, der Mattscheibe nacheinander ab, d. h. er rast über die Zeilen und bringt die Pünktchen zum Leuchten, und nur die Trägheit unserer Augen macht daraus ein ganzes Bild. Diese »Zerlegung der Bilder in eine Folge von Punkten in der Zeit, die aber durch ihre Beschleunigung vortäuschen kann, keine Folge zu sein, sondern eine Form der Gegenwart«[124], konzentriert tatsächlich die Zeitspannung zwischen erfahrenem Moment, dem Jetzt, das sich dauernd auflöst, und der scheinbar so festen Zeit jener Welt, die auf den Bildschirm geholt wird, in jeder Sequenz, jedem Zeit-Punkt: Er scheint die Gegenwart der Dinge außerhalb so genau wie nur möglich zu fixieren, tatsächlich löst er sie auf. Auflösung, hohe

◁ »... Zerlegung der Bilder in eine Folge von Punkten in der Zeit, die aber durch ihre Beschleunigung vortäuschen kann, keine Folge zu sein, sondern eine Form der Gegenwart, konzentriert tatsächlich die Zeitspannung zwischen erfahrenem Moment, dem Jetzt, das sich dauernd auflöst und der scheinbar so festen Zeit jener Welt, die auf den Bildschirm geholt wird, in jeder Sequenz, jedem Zeit-Punkt« – Rolf Sachsse zu seiner Arbeit Pink Noise: »›White noise‹ oder Weißes Rauschen bezeichnet die Einschränkung einer Übertragung durch technische Bedingtheiten eines Mediums, etwa der Tonqualität eines Telephons oder einer Schallplatte. ›Pink Noise‹ oder Rosa Rauschen ist dann das tatsächliche Übertragungsgeräusch, mit dem sich jeder tagtäglich kommunikativ herumschlägt: das Knacken in der Leitung oder auf der Rille. Visuelle Medien leiden ebenfalls in ihrer Qualität unter solchen Problemen des Rauschens, das bei der Kombination mehrerer Medien exponentiell ansteigt. Eine Photographie ist nur so gut, so differenziert in den Grauwerten und so scharf, wie es ihre Kornstruktur zuläßt. Eine gedruckte Photographie wird obendrein gerastert, mehr oder minder grob, mit entsprechendem Effekt. Und das Fernsehbild wird auf der Mattscheibe hinter einer recht grob in Dreiergruppen aufgeteilten Rasterfolie abgebildet: wo bleibt da das differenzierte Weltbild?«

Auflösung *(high definition!)* heißt zu Recht das eben nicht bloß technische Ideal der gegenwärtigen Kommunikationsindustrien.

Mit der höchsten Konzentration einher geht die höchste Zerstreuung. Das wird möglich durch die bereits mehrfach beschriebene Vektorisierung, Quantifizierung, Verrechnung aller Körper in Zahlen.

> »Die Bilder (und die abgebildeten Gegenstände) werden zu Punkten quantifizierbar und auf einen binären Code hin adjustiert. Alles wird plötzlich scheinbar in Zahlen ausdrückbar, im binären Code faßbar.«[125]

So hätte Dürers Zeichner bereits verfahren können. Statt die Linien in den Quadranten seiner Perspektivierungsfolie zu kopieren, hätte er den Rahmen durchnumerieren und die jedem Punkt zugehörigen Zahlen aufschreiben, d. h. das Bild codieren, in eine Ziffern- oder Zahlenfolge umschreiben können. Die weitere Codierung ins binäre, zweistellige Zahlensystem, in den digitalen 0/1 Code, mit dem mehr oder weniger alle heutigen Informationssysteme arbeiten, dient nur der Vereinfachung, sprich weiteren Beschleunigung, der Informationsübertragung. Codiert jedenfalls ist das Bild prinzipiell an jedem Ort zu jeder Zeit reproduzierbar, sofern, wie gesagt, eine Technik zur Verfügung steht, die es den Augen wahrnehmbar macht, in den Code der Netzhaut rückübersetzt.

Für die Übertragung von Texten etwa schlägt Morse 1840 ein solches System vor: das ABC in eine Reihe von Punkten und Strichen zu übertragen. Auf diese Weise chiffrierte Texte können dann als Reihe von langen und kurzen Stromimpulsen durch die Telegrafenkabel geschickt werden. Fast zur gleichen Zeit kann der Text an weit entfernten Orten gelesen werden.

Dieses mit dem schönen Wort ›Echtzeit‹ belegte Ideal der technischen Kommunikation – nur schlecht versteckt sich hinter dieser Begriffsbildung das Bewußtsein, immer noch lauter ›falsche‹ Zeit zu produzieren – ist mit den heutigen fast widerstandsfreien Supraleitungen und ihren Übertragungsgeschwindigkeiten im Nanosekundenbereich fast realisiert. Die von den Körpern, der geformten Materie, abgezogenen Daten könnten – in alle Weltgegenden per Kabel oder Satellit verstreut, an beliebiger Stelle wieder mit Stoffen zu Formen zusammengesetzt – zur In-formierung anderer Materie verwendet werden.

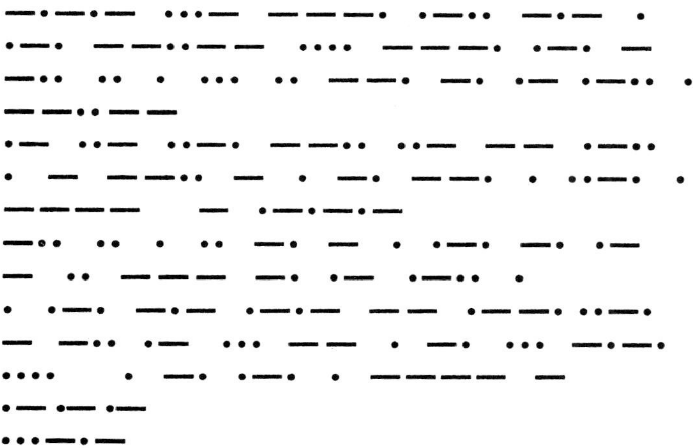

»Für die Übertragung von Texten schlägt Morse 1840 ein solches System vor: das ABC in eine Reihe von Punkten und Strichen zu übertragen« – Morsezeichen von Eugène Edme Pottier: »Die Internationale« (Refrain), 1887

Solche der Science Fiction schon längst bekannte Teleportation mag für komplexe Organismen noch lange Science Fiction bleiben. Der Zeiteffekt, die radikale Auflösung der Eigenzeit, der internen Koordinationen eines jeden Körpers ist bereits vorher und schon lange eine mit der (elektro-)technischen Kommunikation einhergehende Erfahrung.[126] Die Deformation der Orientierungen, die sich seit der Entdeckung und dem Einsatz effektiver Informationstechnologien ausbreitet, ist an zwei Fronten der Entwicklung am deutlichsten wahrzunehmen, wobei ›Fronten‹ durchaus wörtlich zu verstehen ist. Die erste bilden der Krieg und die ihn treibenden Technologien. Die zweite bilden ästhetische Aktivitäten, Musik, Kunst, Literatur, die Entwicklungen der neuen Medien reflektieren, aufnehmen oder abstoßen, Möglichkeiten austesten.

Die Kooperation von Militär und Geschwindigkeitstechnologien ist sozusagen eine natürliche Notwendigkeit, die höchsten jeweils erreichbaren Beschleunigungen von Truppen, Waffen, Geschossen liefern das kriegsentscheidende Kriterium. Daß Kriege ganz unmittelbar als Zeit-Kriege zu verstehen sind, als Destruktion der zeitlichen Koordinationen eines Gegners, Störung und Auflösung seiner Synchronisationen durch präzisere und schnellere Eigenaktivitäten, hat in letzter Zeit vor allem Paul Virilio aufmerksam beschrieben. Daß dabei die neuen Kommunikationstechnologien, mit den Zeiten der elektrischen Wellen oder des Lichts arbeitend, das bevorzugte Interesse der Militärs fanden, zum Teil in unmittelbar militärischen Kontexten entwickelt wurden, ist nicht erst mit dem entscheidenden Einsatz von Alan Turings Decodiermaschine ›Colossus‹, mit der es den Code der deutschen Seite (mit der ›Enigma‹ verrätselt) zu entschlüsseln gelang, evident geworden.[127] Immense Energien werden auf die Entwicklung ›intelligenter‹ Waffensysteme verwandt, computergestützte Weltraumüberwachungsanlagen (SDI mit angestrebten 20 Millionen Programmzeilen für alle Systeme), selbstgesteuerte Cruise Missiles und Exocet-Raketen. Mit durchaus zweifelhaftem Erfolg.

> »Ohnehin ist der Mensch wegen der Verringerung der Reaktionszeit durch zunehmende Beschleunigung im Kampfablauf schon heute überfordert. An seine Seite oder sogar an seine Stelle tritt deshalb C^3I *(Command, Control, Communication and Intelligence)* – ein elektronisches Führungs- und Entscheidungssystem, das die einzelnen Waffengattungen miteinander vernetzt. (...) Das Pentagon gibt jährlich etwa dreißig Milliarden Dollar für die C^3I-Konzeption und damit für die gesamten militärischen elektronischen Aktivitäten aus. (...) Im militärischen Ernstfall allerdings ist die Datendichte im C^3I ungeheuer und provoziert geradezu Fehlbeurteilungen und Fehlentscheidungen. (...) Ausgerechnet dort, wo es aufgrund der möglichen apokalyptischen Folgen auf hundertprozentige Sicherheit ankäme, setzt man auf eine unüberschaubare und nicht beherrschbare Technologie.«[128]

In den Militärtechnologien und ihrer praktischen Anwendung, dem Krieg, tritt nur extrem auseinander, was die innere Zeitspannung aller Kommunikation ausmacht: sich einer Identität, eines festen Orts zu versichern, indem man sie in Zeichen zu fixieren sucht, welche die Selbstvergewisserung gerade auflösen. Um zu funktionieren, müssen sie vom andern, vom Gegenüber bestätigt, verstanden, *anerkannt* werden. Identität ist nie aus sich selbst begründbar, sie entsteht einzig im Dialog. Eben dieser wird im Krieg abgebrochen, der eine (nationale, kollektive etc.) Identität zu behaupten versucht, indem nichts als der eigene Raum gesichert oder der andere besetzt und die Kommunikation verschlüsselt, für den Gegner unlesbar gemacht wird. Da dieser blinde Mechanismus auf beiden Seiten einrastet, ist das Ergebnis in der Regel: Destruktion des Raums, Ruinenlandschaften, das gleichmäßige Chaos der atomaren Wüste, höchste Zerstreuung.

Sucht der Krieg also Ordnungen aufrechtzuerhalten, die er de facto destruiert, so wird dieser Zusammenhang einer zwanghaften Ordnungsanstrengung mit seinem inneren Zerstörungspotential am intensivsten in ästhetischen Aktivitäten konterkariert. Kunst, Literatur, Musik, die am weitesten von sozialen Zwangssystemen und ihren militärischen Armaturen entfernt scheinen, reflektieren sie doch am deutlichsten. Sie bilden die andere Seite einer Münze, die in die gleiche Richtung rollt: Sie reflektieren, praktizieren, testen ununterbrochen die Zeiteffekte der technologischen Zivilisation, das ist eigentlich seit der Antike bereits ihre Definition, *aisthêtiké têchnê,* Technik der Wahrnehmung. Ästhetik ist nichts als eine besondere Wahrnehmung oder Organisation von Wahrnehmungsprozessen, die aus den funktionalen

»Kunst, Literatur und Musik, die am weitesten von sozialen Zwangssystemen und ihren militärischen Armaturen entfernt scheinen, reflektieren sie doch am deutlichsten« – »Fotogewehr« von Etienne-Jules Marey, 1882

Zweckzusammenhängen in distanzierte, beobachtete und in ihrer Eigenbewegung genossene Zusammenhänge gebracht worden ist.

So wird die immer präzisere Zerlegung des Körpers und seiner Tätigkeiten zum Zwecke ihrer effektiveren (Re-)Produktion, ihre »Geometrisierung«[129] in der zentralperspektivischen Malerei, den diversen Manierismen, in Impressionismus oder Pointillismus nicht einfach wiederholt oder vorweggenommen. Sie wird auf eine bestimmte Weise stillgestellt und zugleich verschoben: Die für einen beschleunigten Arbeitsgang hergerichteten Körper werden *im Moment der Zerlegung* gezeigt. Und zwar so, daß der vorhergehende oder der nächste Zustand imaginiert werden muß, das Bild in Bewegung gerät, ohne sich zu bewegen: Die Wahrnehmung wird als Wahrnehmung von Zeit auf sich aufmerksam. So wird etwa auf William Turners »Rain, Steam and Speed« von 1844 nicht die Momentfotografie vorweg erfunden, auch wenn ihre Bilder später wie von Turner gemalt aussehen. Die Fotografie fixiert die Strahlengänge des Lichts zwischen Objekt-Objektivempfindlicher (chemischer, elektromagnetischer) Fläche, ihre Verteilung in der Millisekunde der Aufnahme. Die Malerei fixiert einen weit längeren Prozeß: die Zeit – wenn man so will, die Geschichte, die das Objekt während seiner Wahrnehmung durchmacht, die es verändert, verändern könnte. Die Kunst fixiert dies Spiel der Sinne mit sich selbst, ihre Möglichkeitsformen auf der Folie der faktischen, die Wahrnehmung in abstrakte Zeitschnitte pressenden Formen, welche die Fotografie festhält. Nicht umsonst verwendet die Malerei seit der Erfindung ihrer chemo-technischen Konkurrentin deren Produkte häufig als Vorlage. Nicht weil sie es genau so präzis oder besser machen wollte. Vielmehr sieht sie hier tatsächlich weit genauer, bis in die Körnungen, die Wahrnehmungspunkte, hinein den Moment, den sie zu verflüssigen trachtet, in den sie andere Zeiten hineinziehen will, ihre Möglichkeiten ausprobieren, phantasieren.

Die Überraschung herzustellen, eine neue Situation, eine *andere* Zeit zu produzieren, bildet den inneren Antrieb der ästhetischen Aktivitäten, die Idee einer noch nicht bekannten Zukunft. Von der Novelle, die als Darstellung einer ›unerhörten Begebenheit‹ definiert ist[130], über den Futurismus, der das Automobil, den Krieg, die Elektrizität und das Licht mit seinen Manifestationen noch überholen wollte, bis zu den *artificial realities*, den Hypermedienräumen unserer Tage, werden die Künste dabei immer deutlicher Zeit-Künste, auch ihrem Selbstverständnis nach: Versuche, der Zeitspannung jeder Kommunikation nicht durch zwanghafte Institutionalisierungen und zwangsläufige Sprengungen zu entkommen, durch die Konstruktion immer effektiverer Zeit-Bomben, als die sich die hochindustrialisierten und -militarisierten Zivilisationen mehr und mehr darstellen. Die Künste versuchen, die Spannung umzukehren, statt bis ins letzte kontrollierte (und dann katastrophal gestörte) Zustände unerwartete Konstellationen von vornherein zu intendieren, eine noch nicht vordefinierte Zukunft zuzulassen. Mit dem Risiko einer Verstörung, die aber gewollt, gewußt, erfahren werden kann.[131] Statt die Angst vor dem Tod immer wieder zu verdrängen, ihr nachzufahren, bis an ihren Ursprung, die Grundstörung: den gewaltsamen Riß in die Zeit, den das Leben macht.

Vielleicht halten die Künste allerdings auch nur mehr oder weniger erfolgreich die Sinne in einer Bewegung, die im Spannungsbogen von vorher-jetzt-nachher bleibt, das Vergangene als erstarrte Gegenwart und die Zukunft als den einzig wahren Wunschraum behandelt, der die Gegenwart selbst ständig disqualifiziert. Die Experimente, Tests, Spiele der Kunst würden nur das Feld für den nächsten Fluchtversuch sondieren, die Vorbereitungen für den nächsten Beschleunigungsschub treffen. Das ist in dem Maße, wie sie die traditionellen Gattungen und Verfahrensweisen verlassen und zu Techniken der neuen Medien überwechseln, auch nicht mehr so einfach zu unterscheiden. Die Künste praktizieren Medien-Installationen, und der Computer hat begonnen, Bilder zu malen und Literatur zu schreiben.[132]

Dabei gibt es eine Stelle, an der die Sinne bereits viel schneller sind als alle ihre technischen Prothesen und ästhetischen Spiegelkabinette. Sieht es zunächst so aus, als wäre die ›gegenwärtige‹ Wahrnehmung notgedrungen, aufgrund der Übertragungszeiten der Nervenimpulse, immer nur als Wahrnehmung von ›Vergangenheit‹ möglich, so ergeben physiologische Untersuchungen ein anderes Bild. Etwa für das Hören.

> »Die Wahrnehmung der Intensität eines Tones verlangt mindestens die Dauer des zeitlichen Abstands zwischen zwei ankommenden Nervenimpulsen, sofern tatsächlich schon zwei Nervenimpulse genügen, um eine Intensität anzuzeigen. Dies ist bereits ein kurioses Faktum. Im Hörnerv sind die Impulsfrequenzen nicht höher als 1000/Sekunde, im Gehirn sind die ›nachgeschalteten‹ Neurone mit noch geringerer Frequenz

aktiv, so daß in der ›Hörbahn‹ durchaus Frequenzen um 10 bis 50/Sekunde (Impulsabstand 20 bis 100 Millisekunden) auftreten, die tatsächlich als Tonintensität wahrgenommen werden. Dies sollte bedeuten, daß eine durch einen akustischen Reiz ausgelöste motorische Reaktion nach einem Zeitintervall (Reaktionszeit) auftreten kann, das kürzer ist als das zur Intensitätswahrnehmung erforderliche Intervall zwischen zwei über die ›Hörbahn‹ aufgenommenen Impulsen.«[133]

Die Folgerung, die Florey dann im Anschluß an Libet zieht, daß nämlich »die erlebte Welt mindestens eine halbe bis eine Sekunde in der Vergangenheit«[134] liege, ist keineswegs zwingend, richtig nur in Relation zur äußeren, zum Messen der internen Zeiten benutzten Uhr. Für die inneren Uhren sieht die Sache anders aus. Mit Libets Untersuchungen lassen sich auch andere Schlüsse ziehen.

»Möglicherweise dauern manche Vorgänge bei der Bildverarbeitung in unserem Gehirn eine ganz beträchtliche Zeit, und dennoch erleben wir unsere Bildwelt nicht verzögert. So rätselhaft es klingt: Wir können nämlich etwas eher erleben, als es unser Gehirn errechnet! Das hat B. Libet in Kalifornien am Beispiel der Tastwahrnehmung herausgefunden. Wird man kräftig am Arm berührt, dann meldet das Gehirn den Reiz rasch ins Bewußtsein. Wird man dagegen sehr zart berührt, so dauert es eine halbe Sekunde, bis das Gehirn diesen Reiz verarbeitet hat und ins Bewußtsein meldet. Eine halbe Sekunde, die es in unserer Wahrnehmung einfach nicht gibt! (...) Der Reiz ruft eine elektrische Erregung der betroffenen Hautsinneszellen hervor, die bereits 14 tausendstel Sekunden später im Gehirn, im ›sensorischen Cortex‹, eintrifft. Dort dauert es nun eine halbe Sekunde, bis die Art des Reizes und seine genaue Lage festgestellt ist – niemand weiß bis heute, warum das so lange braucht. Dann erst wird die Berührung in unser Bewußtsein gemeldet – zusammen mit dem Vermerk, sie möge doch bitte eine halbe Sekunde früher wahrgenommen werden.«[135]

Trotz aller Interpretation dieses Sachverhalts als ›sinnvoller‹ Vorrichtung der Evolution, die etwa die schwache Berührung der Wespenbeine *vor* der Verletzung durch den Stich meldet – »So können wir manches Geschehen kausal *vorhersagen* und uns gegen mögliche Gefahren rechtzeitig wappnen«[136] –, die Überraschung bleibt, daß hier ein erwiesen langsames Signal ein ebenso definiert schnelleres Signal überrunden kann. Das Wahrnehmungssystem als Ganzes funktioniert wohl nicht auf der Folie einer einzigen Zeit, sondern als vielschichtiger Komplex unterschiedlichster Sinnes-Zeiten, die ihre Synchronisation ganz eigenständig einstellen. Seine internen Zeitachsen vermag es dabei offenbar zu überspringen, die Zeiten je nach eigenen Bedürfnissen umzugruppieren, das Vorher, Jetzt und Nachher zu überlisten. Zumindest hier gibt es eine Möglichkeit, die dem Langsameren erlaubt, schneller zu sein, wo Bewegung nicht als Flucht erscheint, sondern als Spiel, das sich seine Richtungen erfindet. Wie der Igel in dem bekannten Märchen, der die blinde Raserei einfach nicht mitmacht. Statt dessen hat er sich mit der Igelin abgesprochen, und so warten beide ruhig am Ziel oder am Anfang, je nach Perspektive. Während der Hase sich zu Tode hetzt, sind sie immer schon da.

»Avoir l'apprenti dans le soleil«. Zeichnung von Marcel Duchamp, 1914

Anmerkungen

I Vor der Geschichte

1 Lévi-Strauss, Claude: Strukturale Anthropologie. Dt. von H. Naumann. Frankfurt/M. 16.–23. Tsd. 1972, S. 230. – Lévi-Strauss findet den Satz Michelets im 1955 erschienenen Buch »Les Aventures de la Dialectique« von Maurice Merleau-Ponty. Michelets »Histoire de la Révolution française« war von 1847 bis 1853 in sieben Bänden erschienen. Das »plus de temps« Michelets übersetzt H. Schmitt in der deutschen Ausgabe Merleau-Pontys mit »die Zeit war aufgehoben«, wodurch die qualitative Dimension dieses »éclair« deutlicher wird; s. Merleau-Ponty, Maurice: Die Abenteuer der Dialektik. Dt. A. Schmidt und H. Schmitt. Frankfurt/M. 1974, S. 245

2 Lévi-Strauss, a. a. O., S. 230

3 ebd., S. 231

4 Nach der Schabaka-Inschrift und dem Papyrus Harris, Kol. 44, 2ff. In: Beltz, Walter: Die Schiffe der Götter. Ägyptische Mythologie. Berlin 1987, S. 30

5 ebd.

6 ebd.

7 ebd., S. 36f.

8 Nach Plutarch. In: Beltz, a. a. O., S. 47f.

9 s. etwa: Frank, Manfred: Der kommende Gott. Vorlesungen über die neue Mythologie. Frankfurt/M. 1982

10 Beltz, a. a. O., S. 48

11 ebd.; s. hierzu auch: Berr, Marie-Anne: Technik und Körper. Berlin 1990

12 Über das Verhältnis von Mündlichkeit und Schriftlichkeit ist nicht erst seit den Untersuchungen von Goody und anderen intensiv geforscht worden. Ganze Disziplinen bauen sich auf dieser Problematik auf oder suchen sie, d. h. die Dominanz der Schriftdokumente, durch die Erforschung der Gegenstände des alltäglichen Gebrauchs und ihrer kulturellen Zusammenhänge aufzulösen; s. hierzu: Assmann, Aleida/Jan-Hardmeier, Christof (Hg.): Schrift und Gedächtnis. Beiträge zur Archäologie der literarischen Kommunikation I. München 1983; Goody, Jack/Watt, Ian/Gough, Kathleen: Entstehung und Folgen der Schriftkultur. Dt. F. Herborth.

Frankfurt/M. 1986; Gumbrecht, Hans Ulrich/Pfeiffer, K. Ludwig: Materialität der Kommunikation. Frankfurt/M. 1988

13 Assmann, Jan: Das Doppelgesicht der Zeit im altägyptischen Denken. In: Die Zeit. Dauer und Augenblick. München 1989, S. 206

14 Assmann, a. a. O., S. 208; s. auch Eliade, Mircea: Die Religionen und das Heilige. Elemente der Religionsgeschichte. Dt. M. Rassem/J. Köck. Frankfurt/M. 1986, Kap. III, insbesondere S. 165–169

15 ebd.

16 ebd.

17 Grabner-Haider, Anton: Strukturen des Mythos. Theorie einer Lebenswelt. Frankfurt/M. 1989

18 Leroi-Gourhan, André: Hand und Wort. Die Evolution von Technik, Sprache und Kunst. Dt. M. Bischoff. Frankfurt/M. 1980, S. 247

19 ebd., S. 393

20 Beltz, a. a. O., S. 152

21 ebd., S. 127

22 ebd., S. 681

23 Cassirer, Ernst: Philosophie der symbolischen Formen. 3 Bde. und Indexband Darmstadt ^{2}1964 (Nachdruck der Wissenschaftlichen Buchgesellschaft), Bd. 2, S. 132

24 ebd.

25 ebd.; s. auch Usener, Hermann: Götternamen. Versuch einer Lehre der religiösen Begriffsbildung. Frankfurt/M. ^{3}1948, S. 191f. Bei Usener heißt es dann weiter: »Dieser große Zusammenhang erhält volles Licht und den zureichenden Grund durch deutsche Überlieferungen. Die Übernahme des Sonnenlehens bestand darin, daß der Besitzergreifende gegen die aufgehende Sonne ritt und dabei mit dem Schwerte Kreuzhiebe in die Luft schlug; bis ins XVII. Jh. ist das an einzelnen Orten beobachtet worden.«

26 Duden, VII, Herkunftswörterbuch, S. 778

27 Cassirer, a. a. O., S. 133

28 Eliade, a. a. O., S. 423

29 ebd., S. 429

30 s. hierzu Eliade, a. a. O., Kap. XI und die von ihm angeführte Literatur, insbesondere M. Grasset, M. Mauss und C. Lévi-Strauss

31 Leroi-Gourhan, a. a. O., S. 238

32 Zum Verhältnis von Rhythmus, Schrift und Literatur: s. Gumbrecht, Hans Ulrich: Rhythmus und Sinn; Pfeiffer, K. Ludwig: Dimensionen der Literatur. Ein spekulativer Versuch. Beide in: Gumbrecht/Pfeiffer (Hg.), a. a. O.

33 Leroi-Gourhan, a. a. O., S. 391

34 ebd., S. 252 f. Zur Entwicklung des Rechnens und der Zahlen: s. Ifrah, Georges: Universalgeschichte der Zahlen. Dt. A. von Platen. Frankfurt/M. und New York 1989

35 Das dritte Element der Hieroglyphen bilden die sogenannten Determinative, die näheren Bestimmungen der Ideo- und Phonogramme. Ein ›Schnellkurs im Hieroglyphenlesen‹ für Interessierte findet sich in: Claiborne, Robert: Die Erfindung der Schrift. Dt. P. Matzfeld. Amsterdam 1978, S. 44

36 Assmann, Jan: Schrift, Tod und Identität. In: Assmann/Jan-Hardmeier (Hg.), a. a. O., S. 65

37 ebd., S. 67

38 ebd., S. 79

39 ebd., S. 88

40 s. etwa Wendorff, Rudolf: Zeit und Kultur. Geschichte des Zeitbewußtseins in Europa. Opladen ³1985, Kap. 4

41 Cassirer, a. a. O., S. 150

42 ebd.

43 ebd., S. 151. Daß und wie der Asket eine ganze Reihe schwieriger Phasen durchstehen muß, um ins Nirwana zu gelangen, von den Versuchungen des Fleisches zu denen der Phantasie, ist nachzulesen in: Fischer, Klaus: Erotik und Askese in Kult und Kunst der Inder. Köln 1979; zur abendländischen Tradition in: Gendolla, Peter: Phantasien der Askese. Zur Entstehung innerer Bilder am Beispiel der ›Versuchung des heiligen Antonius‹. Heidelberg 1991

44 Zitiert nach: Bauer, Wolfgang: China und die Hoffnung auf Glück. Paradiese, Utopien, Idealvorstellungen in der Geistesgeschichte Chinas. München 1974, S. 240

45 ebd., S. 241

46 ebd., S. 240

47 ebd., S. 243

48 Ifrah, a. a. O., S. 420 ff.

49 Gough, Kathleen: Implikationen der Literalität im traditionalen China und Indien. In: Goody/Watt/Gough (Hg.), a. a. O., S. 133

II Die kürzeste Verbindung

50 Wendorff, Rudolf: Zeit und Kultur. Geschichte des Zeitbewußtseins in Europa. Opladen ³1985, S. 79; zum christlichen Zeitkonzept s. auch das Buch von Maier, das mir bei Abfassung des Textes noch nicht vorlag: Maier, Hans: Die christliche Zeitrechnung. Freiburg – Basel – Wien 1991

51 Zur widersprüchlichen Tradition dieser Zeitkonzepte s. auch Cancik, Hubert: Die Rechtfertigung Gottes durch den ›Fortschritt der Zeiten‹. Zur Differenz jüdisch-christlicher und hellenisch-römischer Zeit- und Geschichtsvorstellungen. In: Die Zeit. Dauer und Augenblick. München 1989, S. 257–288

52 Zitiert nach Wendorff, a. a. O., S. 79

53 Schultz, Wolfgang (Hg.): Dokumente der Gnosis. Mit Essays von G. Bataille, H.-Ch. Puech und W. Schultz. München 1986

54 Aurelius Augustinus: Bekenntnisse. Eingeleitet und übersetzt von W. Thimme. München 1982, S. 309

55 Umberto Ecos Bestseller »Der Name der Rose« ist nur eines unter unzähligen Beispielen; s. zu diesem Kontext die umfassende und sorgfältige Untersuchung von: Vondung, Klaus: Die Apokalypse in Deutschland. München 1988

56 s. hierzu Hanslik, Rudolf: Klosterregeln im Mönchtum des Ostens und Westens von Pachomius zu Benedikt von Nursia. Wien-Köln-Graz 1956

57 Frank, Karl Suso (Hg.): Frühes Mönchtum im Abendland. 2 Bde. Zürich und München 1975, Bd. I, S. 23

58 Zitiert in: Frank, a. a. O., S. 372

59 ebd., S. 374

60 s. hierzu Zerubavel, Eviatar: Ritmi nascosti. Orari e calendari nella vita sociale. Bologna 1985, S. 65

61 Dohrn-van Rossum, Gerhard: Schlaguhr und Zeitorganisation. Zur frühen Geschichte der öffentlichen Uhren und der sozialen Folgen der modernen Stundenrechnung. In: Wendorff, Rudolf (Hg.): Im Netz der Zeit. Menschliches Zeiterleben interdisziplinär. Stuttgart 1989, S. 51

62 ebd., S. 50

63 Zur technischen wie zur damit gleichzeitig expandierenden Metapherngeschichte der Uhr: s. Maurice, Klaus: Die deutsche Räderuhr. Zur Kunst und Technik im deutschsprachigen Raum. 2 Bde. München 1976; Maurice, Klaus/Mayr, Otto (Hg.): Die Welt als Uhr. Deutsche Uhren und Automaten 1550–1650. München und Berlin 1980 (Ausstellungskatalog); Mayr, Otto: Zur Frühgeschichte der technischen Regelung. München 1969

64 Dohrn-van Rossum, a. a. O., S. 53

65 Mayr, Otto: Die Uhr als Symbol für Ordnung, Autorität und Determinismus. In: Maurice/Mayr (Hg.), a. a. O., S. 1–9; zum Begriff der Neuzeit: s. Koselleck, Reinhart: Neuzeit. Zur Semantik moderner Bewegungsbegriffe. In: Studien zum Beginn der modernen Welt. Stuttgart 1978

66 Dohrn-van Rossum, a. a. O., S. 57

67 Nolan, Christopher: Unter dem Auge der Uhr. Dt. H.-Ch. Oeser. Köln 1989, S. 114
68 ebd., S. 117
69 ebd., S. 118
70 Elias, Norbert: Über den Prozeß der Zivilisation. 2 Bde., Frankfurt/M. [4]1977, Bd. 2, S. 337
71 ebd., S. 338
72 Grüsser, Otto-Joachim: Zeit und Gehirn. Zeitliche Aspekte der Signalverarbeitung in den Sinnesorganen und im Zentralnervensystem. In: Die Zeit. Dauer und Augenblick, a. a. O., S. 124f.
73 Aschoff, Jürgen: Die innere Uhr des Menschen. In: Die Zeit. Dauer und Augenblick, a. a. O., S. 137
74 Elias, a. a. O., S. 336
75 ebd.
76 ebd., S. 337
77 Lyotard, Jean-François: Zeit heute. In: Meier, Heinrich (Hg.): Zur Diagnose der Moderne. München 1990, S. 159
78 Gurjewitsch, Aaron J.: Das Weltbild des mittelalterlichen Menschen. Dt. G. Losack. [4]1989, S. 316
79 ebd.
80 Malynes: Lex Mercatoria, (1622); zitiert in: Dohrn-van Rossum, Gerhard: ›Uhrzeit‹ und ›Zeitordnung‹. In: Ästhetik und Kommunikation 45/46/1981, S. 65f.
81 Dohrn-van Rossum, a. a. O., S. 67
82 ebd., S. 70
83 Franklin, Benjamin: Autobiographie. Berlin 1974, S. 147ff.; zitiert in: Dohrn-van Rossum, a. a. O., S. 70
84 Aschoff, a. a. O., S. 141
85 Borst, Arno: Die Geschichte von Zeit und Zahl. Vom mittelalterlichen computus zum modernen Computer. Vortrag vom 2. 3. 1981, abgedruckt in der Wochenendbeilage der Frankfurter Allgemeinen Zeitung Nr. 157 vom 9. 7. 1988
86 Asendorf, Christoph: Inszenierung und Schwerkraft. In: Ästhetik und Kommunikation 75/1990, S. 127
87 Elias, Norbert: Über die Zeit. Arbeiten zur Wissenssoziologie II. Dt. H. Fliessbach und M. Schröter. Frankfurt/M. 1984, S. 91
88 Newton, Isaac: Mathematische Principien der Naturlehre. Dt. J. Ph. Wolters (Hg.). Berlin 1872. Nachdruck der Wissenschaftlichen Buchgesellschaft Darmstadt 1963, S. 25
89 Blumenberg, Hans: Lebenszeit und Weltzeit. Frankfurt/M. 1986, Zweiter Teil: Öffnung der Zeitschere; s. auch Fraser, Julius T.: Time as Conflict. Basel und Stuttgart 1978

90 s. etwa Mumford, Lewis: Mythos der Maschine. Dt. L. Nürenberger und A. Helbig. Wien 1974

91 Koselleck, Reinhart/Bergeron, Louis/Furet, François: Das Zeitalter der europäischen Revolutionen. 1780–1848. Frankfurt/M. 1969, S. 303

92 ebd.

93 ebd.

94 Timm, Albrecht: Kleine Geschichte der Technologie. Stuttgart 1964

95 Schivelbusch, Wolfgang: Geschichte der Eisenbahnreise. Zur Industrialisierung von Raum und Zeit im 19. Jahrhundert. München und Wien 1977

III ›Punktzeit‹

96 Zitiert in: Timm, Albrecht: Kleine Geschichte der Technologie. Stuttgart 1964, S. 157

97 Haberlandt, Michael: Cultur im Alltag. Gesammelte Aufsätze. Wien 1990, S. 127f.; zitiert in: Scharfe, Martin: ›Ungebundene Circulation der Individuen‹. Aspekte des Automobilfahrens in der Frühzeit. In: Zeitschrift für Volkskunde II/1990, S. 219

98 Zur Literatur s. die Hinweise bei Scharfe; außerdem Universitas 6/1991, Schwerpunkt Auto-Mobilität, insbesondere die Aufsätze von Till Bastian, Klaus Haefner und Micha Hilgers

99 Rupprich, Hans (Hg.): Dürer. Schriftlicher Nachlaß. 3 Bde. Berlin 1969

100 Zu den Daten dieser Technikgeschichte: s. Decker, Edith/Weibel, Peter (Hg.): Vom Verschwinden der Ferne. Telekommunikation und Kunst. Köln 1990, S. 28–30

101 Zielinski, Siegfried: Von Nachrichtenkörpern und Körpernachrichten. In: Decker/Weibel, a. a. O., S. 242

102 Damit wird dies System zur Norm, zum auch ökonomisch erfolgreichsten. Zur Geschichte von Telegrafie und Telefon; s. Pichler, Franz: Telegrafie- und Telefonsysteme des 19. Jahrhunderts. In: Decker/Weibel, a. a. O., S. 253–286

103 Unter dem Titel »Dromologie. Wissenschaft von der Geschwindigkeit« hat Paul Virilio diese Entwicklungen umfangreich verfolgt: s. etwa Virilio, Paul: Fahren, fahren, fahren ... Dt. U. Raulff. Berlin 1978; ders.: Krieg und Kino. Logistik der Wahrnehmung. Dt. F. Grafe und E. Patalas. Frankfurt/M. ^{2}1991

104 Pichler, a. a. O., S. 272

105 ebd.

106 Hawking, Stephen: Eine kurze Geschichte der Zeit. Die Suche nach der Urkraft des Universums. Dt. H. Kober. Reinbek 1988

107 Wheeler, John Archibald: Jenseits aller Zeitlichkeit. In: Die Zeit. Dauer und Augenblick. München 1989, S. 18

108 Und ehrfürchtig hören weiterhin Tausende zu. Zumindest war die deutsche Auflage des Bestsellers von Stephen Hawking im November 1990 bereits bei 357000 angelangt. Damit wenigstens die Erzählung nicht aufhört, hat Hawking die von ihm entscheidend mitentwickelte Theorie der Schwarzen Löcher oder Singularitäten bald wieder selbst in Frage gestellt, ein in sich geschlossenes Universum, aber ohne »Grenze oder Rand«, ohne Anfang und Ende postuliert; s. Hawking, a. a. O., S. 147–179

109 Grüsser, Otto-Joachim: Zeit und Gehirn. Zeitliche Aspekte der Signalverarbeitung in den Sinnesorganen und im Zentralnervensystem. In: Die Zeit. Dauer und Augenblick, a. a. O., S. 127f.

110 ebd., S. 130. – Gegen solche Speicher- oder Repräsentationsmodelle des Gedächtnisses: s. die Beiträge in: Schmidt, Siegfried J. (Hg.): Gedächtnis. Probleme und Perspektiven der interdisziplinären Gedächtnisforschung. Frankfurt/M. 1991. – Für meine Argumentation bleibt diese Kontroverse allerdings unerheblich. Ob als Speicher oder als prozedurales, sich autopoietisch erhaltendes System – von beiden Positionen wird die zeitliche Gerichtetheit des Gedächtnisses nicht bestritten

111 Grüsser, a. a. O., S. 105

112 Thurm, Ulrich: Die mechanischen Sinne: Hören, Tasten ... In: Maelicke, Alfred (Hg.): Vom Reiz der Sinne. Weinheim – New York – Basel – Cambridge 1990, S. 90. – Zum Stand dieser Dinge: s. Berr, Marie-Anne: Technik und Körper. Berlin 1990; s. auch Grassmuck, Volker: Vom Animismus zur Animation. Anmerkungen zur künstlichen Intelligenz. Berlin 1988

113 Decker/Weibel, a. a. O., S. 38ff. Wahrscheinlich ist Marvin Minsky nur das Pseudonym für MM = MenschMaschine, die erste, wirklich einwandfrei funktionierende, immer lächelnde Realisation der alten Wunschphantasie

114 Es handelt sich um die technische Realisierung eines durchaus klassischen erkenntnistheoretischen Solipsismus. Unter dem Titel Konstruktivismus wird seine Grundidee, daß so etwas wie Erkenntnis von etwas anderem als internen Systemrelationen gar nicht möglich sei, das Nervensystem seine Vorstellungen eben autopoietisch erzeuge, z. Z. wieder lebhaft diskutiert; s. Maturana, Humberto R./Varela, Francisco J.: Der Baum der Erkenntnis. Die biologischen Wurzeln des menschlichen Erkennens. Dt. K. Ludewig. Bern und München 1987; Schmidt, S. J. (Hg.): Der Diskurs des Radikalen Konstruktivismus. Frankfurt/M. 1986

115 Grassmuck, a. a. O., S. 189f.

116 Aanderud, Catharina: Immer der Nase nach. Wie das nebensächlichste Sinnesorgan unser Verhalten beeinflußt. In: Die Zeit, Nr. 42 vom 12. 12. 1990

117 Geschmäcker gibt es leider nur vier: süß, salzig, sauer, bitter. Der Rest ist Riechen; s. Maelicke, a. a. O., Kap. 6

118 Muschik, Wolfgang: Wandel des physikalischen Zeitbegriffs. In: Burger, Heinz (Hg.): Zeit, Natur und Mensch. Berlin 1986, S. 48

119 Das Beispiel ist von Mandelbrot, Benoît: Les objets fractals. Paris 1961; zitiert bei Virilio, Paul: Ästhetik des Verschwindens. Dt. M. Karbe und G. Roßler. Berlin 1986, S. 13 und Anmerkung 4

120 Cancik, Hubert: Die Rechtfertigung Gottes durch den ›Fortschritt der Zeiten‹. Zur Differenz jüdisch-christlicher und hellenisch-römischer Zeit- und Geschichtsvorstellungen. In: Die Zeit. Dauer und Augenblick, a. a. O., S. 277f. (Cancik zitiert den lateinischen Text in Anmerkungen)

121 Nowotny, Helga: Eigenzeit. Entstehung und Strukturierung eines Zeitgefühls. Frankfurt/M. 1989, S. 153

122 s. hierzu Kittler, Friedrich: Aufschreibesysteme 1800/1900. München [2]1987

123 Zu den hier etwas frei gehandelten System-Begriffen: s. die unzähligen Schriften von Niklas Luhmann, etwa: Soziale Systeme: Grundrisse einer allgemeinen Theorie. Frankfurt/M. 1984

124 Weibel, Peter: Vom Verschwinden der Ferne. Telekommunikation und Kunst. In: Decker/Weibel, a. a. O., S. 26

125 ebd.

126 Zum Begriff Eigenzeit und seiner Diskussion: s. Nowotny, a. a. O.

127 s. hierzu Virilio, Paul: Krieg und Kino, a. a. O.; Turing, Alan M.: Intelligence Service. Schriften. Hg. von B. Dotzler und F. Kittler. Berlin 1987

128 Eurich, Claus: Zielsicher in die Katastrophe. In: Die Zeit, Nr. 6 vom 1. 2. 1991; s. auch Grassmuck, a. a. O., S. 198ff.

129 ZurLippe, Rudolf: Naturbeherrschung am Menschen. 2 Bde. Frankfurt/M. 1974

130 In der »Novelle« hat Goethe sie in der Form der Erzählung selbst definiert. Dem von ihm nicht besonders geschätzten Kleist allerdings ist es wohl am ehesten gelungen, erschreckend leere, tatsächlich unerwartete Situationen zu beschreiben, die Zeit der Erzählung in das Erzählen von Zeit aufzulösen. Nicht von ungefähr sind es Geschichten von Gewalt, Zerstörung, Krieg und Revolutionen, d. h. elementaren Irritationen, in denen sich diese Zeiterfahrung niederschlägt

131 Solche *Verstörung* beschreibt der gleichnamige Roman von Thomas Bernhard: den Schrecken über die Unzeit, der sich zwischen den ritualisierten

Kommunikationen einstellt, der sich mit jeder Wiederholung, jedem bekannten Satz, mit dem sich die Gesprächspartner ihrer selbst vergewissern wollen, nur verstärkt

132 s. hierzu Weibel, a. a. O.; s. auch Schütz, Erhard (Hg.): HighTech – LowLit? Literatur und Technik: Autoren und Computer. Essen 1991

133 Florey, Ernst: Gehirn und Zeit. In: Schmidt (Hg.), a. a. O., S. 174

134 ebd., S. 176. – Benjamin Libet in Kalifornien hat die umfassendsten Experimente zur Wahrnehmungs- und Verarbeitungszeit mit den genannten überraschenden Ergebnissen durchgeführt; s. etwa: Libet, Benjamin: Unconscious cerebral initiative and the role of conscious will in voluntary action. In: Behavioral and brain sciences 8/1985, S. 509–566; s. auch die Hinweise bei Florey, a. a. O.

135 Wolf, Dorothea/Wolf, Rainer: Vom Sehen zum Wahrnehmen. In: Maelicke, a. a. O., S. 68 f.

136 ebd.

Kurze Bibliographie

Aurelius Augustinus: Bekenntnisse. Eingeleitet und übersetzt von W. Thimme. München 1982

Assmann, Aleida/Jan-Hardmeier, Christof (Hg.): Schrift und Gedächtnis. Beiträge zur Archäologie der literarischen Kommunikation I. München 1983

Assmann, Jan: Das Doppelgesicht der Zeit im altägyptischen Denken. In: Die Zeit. Dauer und Augenblick. München 1989, S. 189–223

Beltz, Walter: Die Schiffe der Götter. Ägyptische Mythologie. Berlin 1987

Blumenberg, Hans: Lebenszeit und Weltzeit. Frankfurt/M. 1985

Burger, Heinz (Hg.): Zeit, Natur und Mensch. Berlin 1986

Borst, Otto: Alltagsleben im Mittelalter. Frankfurt/M. 1983

Decker, Edith/Weibel, Peter (Hg.): Vom Verschwinden der Ferne. Telekommunikation und Kunst. Köln 1990

Dux, Günter: Die Zeit in der Geschichte. Ihre Entwicklungslogik vom Mythos zur Weltzeit. Frankfurt/M. 1989

Eliade, Mircea: Die Religionen und das Heilige. Elemente der Religionsgeschichte. Dt. M. Rassem/I. Köck. Frankfurt/M. 1986

Elias, Norbert: Über die Zeit. Arbeiten zur Wissensoziologie II. Dt. H. Fliessbach und M. Schröter. Frankfurt/M. 1984

Foerster, Heinz von: Sicht und Einsicht. Versuche zu einer operativen Erkenntnistheorie. Autorisierte dt. Fassung von W. K. Köck. Braunschweig und Wiesbaden 1985

Fraser, Julius T.: Die Zeit: vertraut und fremd. Dt. von A. Ehlers. Basel 1984. Als Taschenbuch unter dem Titel »Die Zeit. Auf den Spuren eines vertrauten und doch fremden Phänomens«. München 1991

Gent, Werner: Das Problem der Zeit. Eine historische und systematische Untersuchung. Hildesheim 1965

Gumbrecht, Hans Ulrich: Modern, Modernität, Moderne. In: Geschichtliche Grundbegriffe. Historisches Lexikon zur politisch-sozialen Sprache in Deutschland. Hg. Brunner u. a. Stuttgart 1979, Bd. IV

Hawking, Stephen W.: Eine kurze Geschichte der Zeit. Die Suche nach der Urkraft des Universums. Dt. H. Kober. Reinbek 1988. Als Taschenbuch Reinbek 1991

Holländer, Hans/Thomsen, Christian W. (Hg.): Augenblick und Zeitpunkt. Studien zu Zeitstruktur und Zeitmetaphorik in Kunst und Wissenschaften. Darmstadt 1984
Ifrah, Georges: Universalgeschichte der Zahlen. Dt. A. v. Platen. Frankfurt/M. und New York 1989 (Sonderausgabe)
Koselleck, Reinhart: Neuzeit. Zur Semantik moderner Bewegungsbegriffe. In: Studien zum Beginn der modernen Welt. Stuttgart 1978
Lachmann, Renate: Gedächtnis und Literatur. Intertextualität in der russischen Moderne. Frankfurt/M. 1990
Le Lionnais, François: Die Zeit. Dt. T. Haack. Köln 1960
Maier, Hans: Die christliche Zeitrechnung. Freiburg-Basel-Wien 1991
Maurice, Klaus/Mayr, Otto (Hg.): Die Welt als Uhr. Deutsche Uhren und Automaten 1550–1650. München und Berlin 1980 (Ausstellungskatalog)
Nowotny, Helga: Eigenzeit. Entstehung und Strukturierung eines Zeitgefühls. Frankfurt/M. 1989
Piaget, Jean: Die Bildung des Zeitbegriffs beim Kinde. Zürich 1955
Schivelbusch, Wolfgang: Geschichte der Eisenbahnreise. Zur Industrialisierung von Raum und Zeit im 19. Jahrhundert. Frankfurt/M. 1989
Schmidt, Siegfried J. (Hg.): Gedächtnis. Probleme und Perspektiven der interdisziplinären Gedächtnisforschung. Frankfurt/M. 1991
Tholen, Georg Christoph/Scholl, Michael O. (Hg.): Zeit-Zeichen. Aufschübe und Interferenzen zwischen Endzeit und Echtzeit. Weinheim 1990
Virilio, Paul: Fahren, Fahren, Fahren ... Dt. U. Raulff. Berlin 1978
ders.: Krieg und Kino. Logistik der Wahrnehmung. Dt. F. Grafe und E. Patalas. Frankfurt/M. ^{2}1991
Vondung, Klaus: Die Apokalypse in Deutschland. München 1988
Wendorff, Rudolf: Zeit und Kultur. Geschichte des Zeitbewußtseins in Europa. Opladen ^{3}1985
Wendorff, Rudolf (Hg.): Im Netz der Zeit. Menschliches Zeiterleben interdisziplinär. Stuttgart 1989
Die Zeit. Dauer und Augenblick. Jürgen Aschoff u. a. München 1989
Zerubavel, Eviatar: Ritmi nascosti. Orari e calendari nella vita sociale. Bologna 1985

Die einzelnen Kapiteln vorangestellten Motti wurden folgenden Quellen entnommen:

Benjamin Franklin s. Dohrn-van Rossum, a. a. O.
Haindling (Pseudonym für Hans-Jürgen Buchner): Muh (CD), Oktober 1988
Pierre Reverdy s. Die meiste Zeit. Prosagedichte 1915. Dt. und mit einem Nachwort herausgegeben von Dieter Schöneborn. Siegen 1990, S. 7, Striche und Figuren
Jacques Tati: Jour de fête (Film), 1948 (Dt.: »Tempo, Tempo«)

Abbildungsverzeichnis

Hans Strelocke, Wanfried S. 15, S. 20

aus: Thomas, Louis (Hg.): Die Denkwürdigsten Erfindungen bis zu Ende des XVIII. Jahrhunderts. Schilderungen für die reifere Jugend. Faksimile der Ausgabe von 1887. Wiesbaden 1979 S. 40 (S. 137), S. 41 (S. 138): © Englisch Verlag, Wiesbaden

ZEFA-Stockmarket, Düsseldorf S. 87 (Foto: K. Iwasaki)

Alle hier nicht gesondert aufgeführten Abbildungen stammen aus den Archiven des Autors und des Verlages.

Die Entstehung von Sprache und Schrift

Ein kulturgeschichtlicher Überblick

Von Martin Kuckenburg. 295 Seiten mit 98 einfarbigen Abbildungen, Glossar und Register, kartoniert (DuMont Taschenbücher, Band 232)

»Die menschliche Verständigung ist nicht vom Himmel gefallen, sie hat sich mit dem Menschen und der menschlichen Gesellschaft entwickelt, deren Erfordernissen angepaßt. Das gilt nicht nur für die Sprache, das gilt auch für die Schrift, wie Kuckenburg nachweist. ... Er diskutiert dabei die unterschiedlichen wissenschaftlichen Standpunkte, die derzeit in den Einzelfragen aufeinanderprallen, und er gibt mit einem 527 Titel umfassenden Literaturverzeichnis dem interessierten Leser die Möglichkeit, sich weiter zu informieren. Obwohl das Buch eine wissenschaftliche Zusammenfassung zum derzeitigen Forschungsstand seines Themas bietet, ist die Sprache dieser Schrift allgemeinverständlich geblieben.«

Südwest Presse

DuMont Taschenbücher

Stand Frühjahr '92

Band 2 Horst W. und Dora Jane Janson
Malerei unserer Welt

Band 3
August Macke – Die Tunisreise

Band 4 Uwe M. Schneede
René Magritte

Band 6 Karin Thomas
DuMont's kleines Sachwörterbuch zur Kunst des 20. Jahrhunderts

Band 8 Christian Geelhaar
Paul Klee

Band 13 Joseph-Émile Muller
DuMont's kleines Lexikon des Expressionismus

Band 14 Jens Christian Jensen
Caspar David Friedrich

Band 15 Heijo Klein
DuMont's kleines Sachwörterbuch der Drucktechnik und grafischen Kunst

Band 18 Horst Richter
Geschichte der Malerei im 20. Jahrhundert

Band 23 Horst Keller
Marc Chagall

Band 25 Gabriele Sterner
Jugendstil

Band 26 Jens Christian Jensen
Carl Spitzweg

Band 28 Hans Holländer
Hieronymus Bosch

Band 30 Johannes Pawlik (Hrsg.)
Malen lernen

Band 31 Jean Selz
DuMont's kleines Lexikon des Impressionismus

Band 32 Uwe M. Schneede
George Grosz

Band 33 Erwin Panofsky
Sinn und Deutung in der bildenden Kunst

Band 35 Evert van Uitert
Vincent van Gogh

Band 37 Bob Haak
Rembrandt

Band 38 Ingeborg Tetzlaff
Romanische Kapitelle in Frankreich

Band 39 Joost Elffers (Hrsg.)
DuMont's Kopfzerbrecher
TANGRAM

Band 40 Walter Pach
Pierre Auguste Renoir

Band 44 Fritz Baumgart
DuMont's kleines Sachlexikon der Architektur

Band 47 Paul Vogt
Der Blaue Reiter

Band 59 Hugo Munsterberg
Zen-Kunst

Band 65 Harald Küppers
Das Grundgesetz der Farbenlehre

Band 66 Sam Loyd / Martin Gardner (Hrsg.)
Mathematische Rätsel und Spiele

Band 69 Erich Burger
Norwegische Stabkirchen

Band 70 Ernst H. Gombrich
Kunst und Fortschritt

Band 71 José Pierre
DuMont's Kleines Lexikon der Pop Art

Band 73 Gabriele Sterner
Barcelona: Antoni Gaudi

Band 74 Eckart Kleßmann
Die deutsche Romantik

Band 77 Wolfgang Hainke
Siebdruck

Band 78 Wilhelm Rüdiger
Die gotische Kathedrale

Band 83 Ekkehard Kaemmerling (Hrsg.)
Bildende Kunst als Zeichensystem 1

Band 84 Hermann Leber
Plastisches Gestalten

Band 85 Sam Loyd / Martin Gardner (Hrsg.)
Noch mehr mathematische Rätsel und Spiele

Band 88
Thomas Walters (Hrsg.) / Gabriele Sterner
Jugendstil-Graphik

Band 90 Ernesto Grassi
Die Theorie des Schönen in der Antike

Band 91 Hermann Leber
Aquarellieren lernen

Band 93 Joost Elffers/Michael Schuyt
Das Hexenspiel

Band 95 Karl Hennig
Japanische Gartenkunst

Band 99 Bernd Fischer
Wasserburgen im Münsterland

Band 101 Felix Freier
Fotografieren lernen – Sehen lernen

Band 103 Kurt Badt
Die Farbenlehre van Goghs

Band 112 Alexander Adrion
Die Kunst zu zaubern

Band 114 Peter-T. Schulz
Der Kuckuck und der Esel

Band 115 Angelika Hofmann
Ton

Band 117 Rosario Assunto
Die Theorie des Schönen im Mittelalter

Band 123 Fritz Winzer
DuMont's Lexikon der Möbelkunde

Band 124 Walter Dohmen
Die Lithographie

Band 127 Peter-T. Schulz
Rapunzel

Band 128 Lu Bro
Wie lerne ich Zeichnen

Band 130 Bettina Gruber/Maria Vedder
DuMont's Handbuch der Video-Praxis

Band 131 Anneliese und Peter Keilhauer
Die Bildsprache des Hinduismus

Band 133 Barbara Salberg-Steinhardt
Die Schrift:
Geschichte – Gestaltung – Anwendung

Band 135 Karlheinz Schüssler
Die ägyptischen Pyramiden

Band 137 Nikolaus Pevsner
Wegbereiter moderner Formgebung

Band 139 Peter-T. Schulz
Guten Tag!
Eine Gulliver-Geschichte

Band 142 Rudolf Wittkower
Allegorie und der Wandel der Symbole in Antike und Renaissance

Band 143 Martin Warnke (Hrsg.)
Politische Architektur

Band 144 Miriam Magall
Kleine Geschichte der jüdischen Kunst

Band 145 James F. Fixx
Rätsel und Denkspiele mit Seitensprung

Band 146 Rose-Marie und Rainer Hagen
Meisterwerke europäischer Kunst
als Dokumente ihrer Zeit erklärt

Band 148 Renée Violet
Kleine Geschichte der japanischen Kunst

Band 149 Lawrence Treat
Detektive auf dem Glatteis

Band 150 Alexandra Lavizzari-Raeuber
Thangkas

Band 156 Herbert Alexander Stützer
Kleine Geschichte der römischen Kunst

Band 157 Paul Maenz
Die 50er Jahre

Band 159 Anita Rolf
Kleine Geschichte der chinesischen Kunst

Band 160 Felix Freier/Norbert Sarrazin
Fotos: Selbst entwickeln –
Selbst vergrößern

Band 163 Harald Küppers
Die Farbenlehre der Fernseh-,
Foto- und Drucktechnik

Band 164 Nora Gallagher
Wohnzimmerspiele – alt und neu

Band 167 Eckhard Neumann (Hrsg.)
Bauhaus und Bauhäusler

Band 170 Hans Sedlmayr
Die Revolution der modernen Kunst

Band 171 Ernst H. Gombrich
Eine kurze Weltgeschichte für junge Leser

Band 173 Eve-Marie Helm
555 Teekessel

Band 174 Abbie Salny/Marvin Grosswirth
Phantastische Mensa-Rätsel

Band 177 Vittorio Lampugnani
Architektur als Kultur

Band 178 Michael Koulen **Go**

Band 182 Martin Schuster
Kunsttherapie

Band 184 Wilfried Hansmann
Balthasar Neumann

Band 185 Manfred Görgens
Kleine Geschichte der indischen Kunst

Band 190 Peter Bolz / Bernd Peyer
Indianische Kunst Nordamerikas

Band 191 Abbie Salny / Marvin Grosswirth
Das endgültige Mensa-Quiz-Buch

Band 193 Gerald Kahan **$E = m c^2$**

Band 194 Bernhard Streck (Hrsg.)
Wörterbuch der Ethnologie

Band 195 Wolfgang Hautumm
Die griechische Skulptur

Band 197 Andreas Mäckler (Hrsg.)
Was ist Kunst . . .?

Band 200 Peter-T. Schulz **Ein Glück!**

Band 201 Ernst Kitzinger
Kleine Geschichte der frühmittelalterlichen Kunst

Band 203 Wolfgang Müller
Kleine Geschichte der altamerikanischen Kunst

Band 205 Joachim Knuf
Unsere Welt der Farben

Band 206 Peter Sager
Unterwegs zu Künstlern und Bildern

Band 211 Marion Milner
Zeichnen und Malen ohne Scheu: Ein Weg zur kreativen Befreiung

Band 212 Toshihiko und Toyo Izutsu
Die Theorie des Schönen in Japan

Band 213 Scot Morris
Rätsel für Denker und Tüftler

Band 214 Karlheinz Schüssler
Kleine Geschichte der ägyptischen Kunst

Band 218 Joachim Petsch
Eigenheim und gute Stube

Band 219 Till Förster
Kunst in Afrika

Band 220 H. A. Ripley
»Wer ist der beste Detektiv?«

Band 221 Johannes Stahl
An der Wand

Band 222 Herbert Alexander Stützer
Ravenna und seine Mosaiken

Band 223 Rolf Harris
Cartoon-Zeichnen leicht gemacht

Band 224 Jochen Maes
Fahrradsucht

Band 225 Erwin Panofsky
Gotische Architektur und Scholastik

Band 226 Richard Kostelanetz
John Cage im Gespräch

Band 227 Oskar Bätschmann
Entfernung der Natur

Band 228 Otto J. Brendel
Was ist römische Kunst?

Band 230 Kasimir Malewitsch
Suprematismus – Die gegenstandslose Welt

Band 231 Andreas Mäckler / Christiane Schäfers (Hrsg.)
Was ist der Mensch . . .?

Band 232 Martin Kuckenburg
Die Entstehung von Sprache und Schrift

Band 233 Peter-T. Schulz
Erleben ist alles

Band 234 Gerhard Kebbel
DuMont's verblüffendes Fremdwörterbuch

Band 235 Hans-Thomas Gosciniak (Hrsg.)
Kleine Geschichte der islamischen Kunst

Band 236 Klaus Eid / Hakon Ruprecht
Collage und Collagieren

Band 237 Andreas Verstappen
Waechters Erzählungen

Band 238 Michael Jäger
Die Theorie des Schönen in der Italienischen Renaissance

Band 239 William C. Seitz
Claude Monet

Band 240
Cristina Perincioli/Cillie Rentmeister
Computer und Kreativität

Band 241 Internationales Design Zentrum Berlin (Hrsg.) **Energien gestalten**

Band 242 Dan Ritchard/Kathleen Moloney
Die Kunst des Bauchredens

Band 243 Michael Holt **3 × 3 = 9?**

Band 244 Felix Thürlemann
Vom Bild zum Raum

Band 245 Ralph Tegtmeier
Sternenglaube – Sternenzauber

Band 246 Günter Spitzing **Athos**

Band 247 Esther und Klaus Gallwitz (Hrsg.)
Rußlandbilder

Band 248 Kai-Uwe Hemken
El Lissitzky

Band 249 Andreas Franzke **Dubuffet**

Band 250 Evi Melas **Delphi**

Band 251 Ulrich Vielmuth
Lexikon für Videofilmer

Band 252 Andreas Mäckler
Anthroposophie und Malerei

Band 253 Marco Meirovitz/Paul I. Jacobs
Visuelles Denken

Band 254 Christian W. Thomsen (Hrsg.)
Aufbruch in die Neunziger

Band 255 Franziska Ehmcke
Der japanische Tee-Weg

Band 256 Johann N. Schmidt
Wolken-Kratzer

Band 257 Edith Decker/Peter Weibel (Hrsg.)
Vom Verschwinden der Ferne

Band 258 Friedhelm W. Fischer
Max Beckmann

Band 259 Winfried Hönes
Was ist Glück . . .?

Band 260 Walter Kugler
Rudolf Steiner und die Anthroposophie

Band 261 Herbert Alexander Stützer
Frühchristliche Kunst in Rom

Band 262 Horst Gatermann
Die Osterinsel

Band 263 Hajo Düchting **Franz Marc**

Band 264 Joachim Heusinger von Waldegg
James Ensor

Band 265 Jutta Ströter-Bender
Zeitgenössische Kunst der ›Dritten Welt‹

Band 266 Wolfgang Walenski
Der Offsetdruck

Band 267 Christa Murken-Altrogge
Paula Modersohn-Becker

Band 268 George Michell
Der Hindu-Tempel

Band 269 Klaus Urbons **Copy Art**

Band 270 Hans Gekeler
Taschenbuch der Farbe

Band 271 Gustav Vriesen
Robert Delauney

Band 272 Burchard Brentjes
Die Kunst der Mauren

Band 273 Hermann Bauer/Hans Sedlmayr
Rokoko

Band 274 Harald Küppers
Schule der Farben

Band 275 Hans Christian Kirsch (Hrsg.)
William Morris
Wie wir leben und wie wir leben könnten

Band 276 Russel Page
Ich schuf Gärten in aller Welt

Band 277 Margery Fish
Blumen für jeden Tag

Band 278 Martin Schuster
Wodurch Bilder wirken

Band 279 Peter Gendolla
Zeit – Zur Geschichte der Zeiterfahrung

Band 280 Eva Horwarth
DuMont's Schnellkurs ›Kunstgeschichte‹

Band 281 Eva Horwarth
DuMont's Schnellkurs ›Architektur‹

Band 282 Jutta Ströter-Bender
Die Muttergottes

Band 283 Dieter Daniels
Duchamp und die anderen